Credits illustrazioni
Collage di D. R. ilTassista Marino; vedi profili Flickr e
Behance
Pattern digitali di Selkis, profilo DeviantArt: selkisfritz

In copertina:
Elaborazione da un'illustrazione di Gustave Doré per
l'*Inferno* di Dante. Sullo sfondo, dettaglio dal *Paradiso
terrestre* di Jan Brueghel

Revisione del testo a cura di
Lorena Caccamo
sito: servizieditorialiloreca.wordpress.com
email: loreservizieditoriali@gmail.com

© 2019 Il Terebinto Edizioni
Sede legale: Via degli Imbimbo, n. 8, Scala E
83100 Avellino
tel. 340/6862179
e-mail: terebinto.edizioni@gmail.com
www.ilterebintoedizioni.it

Dario Rivarossa
ilTassista Marino

Dante fantasy

Vampiri, lupi mannari, elfi, draghi e altre cosette che per i lettori medievali della Divina Commedia erano ovvie

TEREBINTO
EDIZIONI

INDICE

Dante Alighieri come non l'avete mai visto prima

Appassionato cultore di fantasy, sci-fi e cultura pop rivisitata alla luce di un eclettico spirito barocco, Dario Rivarossa è in realtà egli stesso uno di quei folletti che shakespearianamente e beneficamente infestano i polverosi panorami letterari nazionali. Incontrarlo attraverso le sue pirotecniche pagine è già per lo studioso e il lettore un'autentica folgorazione; aver la ventura poi, come capitato per vie traverse a chi scrive, di poterlo approcciare dal vivo, e beh... come spiegarvi la sua brillante identità terrena, se non attraverso la metafora di un vero viaggiatore nel tempo, che vede e interpreta il mondo di ogni giorno alla luce di perdute categorie, da lui risuscitate e riverniciate di nuova vita e splendore?

Dario ti dice: «non vado al cinema, se non a vedere film mitologici», e tu pensi ai vecchi peplum e kolossal, a cose così insomma. Poi conti-

nua: «la saga di Spider-Man per esempio», e tu allora in un lampo capisci che ha ragione, e lo capisci prima ancora di aver letto questo libro, perché vedi che lui, di fronte a te, è tuttavia e allo stesso tempo nel mito di più e meglio di chiunque altro, se è capace di isolare in modo così magistrale schemi e stilemi della letteratura popolare a cavallo dei secoli, per sfornarti con dovizia e disinvoltura perle di sintesi come questa dell'Uomo Ragno.

Dario è amico della vedova di Philip Dick, che gli ha affidato la traduzione italiana e la cura dei propri diari di vita coniugale, e Dario è amico tuo mentre si cala, lui inossidabile piemontese, negli ombrosi e rumorosi vicoli di Napoli alla ricerca di sempre nuove meraviglie alchemiche ed esoteriche. Dario è un uomo di un altro tempo, eppure la contemporaneità la capisce meglio di tutti, visto che è capace di spiegarti e renderti vero e attuale l'intero Medioevo, spogliandolo d'un tratto di stereotipi e luoghi comuni per restituirtelo vivo e intatto come fosse ieri.

Che non è mica una roba da tutti, quella che accade in questa fausta ripubblicazione di uno dei suoi classici cavalli di battaglia, questo Dante fantasy che ti risveglia intuizioni antiche, eppur semplici e immediate come sempre capita, *quando c'è lui di mezzo. È precisamente quello che è successo a me. Anche prima di leggere le sue documentate argomentazioni, con Rivarossa condividevo da tempo, sia pure per me a livello di vaga sensazione, una certa consapevolezza dell'immagine distorta di Dante nella posterità. Tanto che mi costò un mancato 30 a un esame l'aver ingenuamente evidenziato, come Rivarossa usa oggi fare con piena cognizione di causa, la miopia della visione politica dell'Alighieri, rendendomi in tal guisa colpevole, agli occhi del mio ossequioso docente dell'epoca, di una sorta di arrogante lesa maestà finanche su terreni dello scibile ben lontani dalla letteratura e dall'arte. Ma si sa, per tanto pensiero unico dell'altroieri, di ieri e di oggi, Dante è questo, e non va messo in discussione. E io, come molti quindi, proprio per non poterlo discutere, avevo finito alla svelta per detestarlo e da parecchio prima di quel lontano piccolo incidente universitario: già dai banchi di scuola...*

Tutt'altra cosa, fortunatamente, il Dante riproposto da Rivarossa con il supporto dei suoi più illuminati esegeti di ogni epoca, partendo da quelli intelligenti fra i contemporanei al Sommo, per andare ai suoi migliori interpreti di ogni epoca – si badi bene, quasi mai i più popolari e accorsati – giungendo infine alla fulminante e rivelatrice visione qui, in questo volumetto, tracciata. E allora, godiamocelo tutto, questo Dante fantasioso e fantastico come con ogni meditata probabilità era davvero, perché questo scanzonato regalo di Rivarossa alla storia della letteratura ha realmente dell'incommensurabile: quello di aver svelato a noi ottusi, moderni internauti la preziosa valenza del genio sepolto dalle tonnellate di pagine di spazzatura che per secoli l'avevano sinora oscurato e soffocato, restituendocela magicamente intatta e beffarda per ammaliarci ancora come al suo tempo accadeva, e ora ahimè invece di rado e male.

E perciò, di cosa stiamo parlando allora: della sempiterna attualità della Commedia, della provvidenziale inattualità delle tesi rivarossiane, del Medioevo vivo, o di noi viventi in un – altro che prossimo venturo! meglio dire piuttosto recentemente accaduto – nuovo Rinascimento che re-reinterpreta il Medioevo? Conosco già la risposta di Dario, e la risposta è: «ma chi se ne frega, fintanto che noi siamo qui e adesso ad abbracciare e allacciare il tempo – foss'anche con un semplice disegno o collage o trompe-l'o-eil come quelli di cui Dario è maestro – ma che importanza volete che abbia tutto il resto, se in una favola siamo e vogliamo restare?»

Io, per quel che mi riguarda, nelle favole e nel mito mi ci calo sempre volentieri con tutte le scarpe, soprattutto poi se in compagnia eccellente come questa... E voi? Siete pronti per la rivelazione? Volete conoscere il Dante Fantasy che da titolo e copertina vi è stato promesso? Spero davvero di sì, perché sono più che sicuro che l'altro, quello degli opprimenti libri di scuola e della vuota, banale retorica, poi non vorrete incontrarlo mai più.

CARLO CRESCITELLI

Premessa dolorosa
ma necessaria

Questo libro vìola tutte le norme possibili e immaginabili della ricerca critica. Niente note corpose con lunghi elenchi degli autorevoli volumi di paludati studiosi delle epoche passate, se non qualche raro riferimento, pescando preferibilmente tra fonti perlomeno sospette o più o meno ingiustamente screditate.

All'inferno (o purgatorio o paradiso) espressioni come "secondo le più recenti ricerche...".

All'inferno (senza alternative) il ridicolo Medioevo da Operetta consegnatoci dall'Illuminismo e dal Risorgimento, che dovrebbe *supposedly* fare da adeguato sfondo all'indagine sui significati del Divino Poema.

Tre saranno in compenso le linee-guida della ricerca.

(1) Il pregresso: tre decenni di "amore che mi ha fatto cercare lo volume" di Dante Alighieri, a

partire da quella volta che, da bambino, ricevetti da mio padre un'edizione popolare della *Divina Commedia* con le immancabili illustrazioni del Doré. Popolare sì, ma *senza* note.

Alle prime letture, come giustamente sottolineava Giampaolo Dossena, il testo offre soprattutto una serie di "lunghe didascalie" alle immagini. Poi, pian pianino, ci si abitua a partire dal testo per "immaginarlo".

(2) L'attualità di questo primo scorcio del XXI secolo, epoca in cui il genere fantasy spopola nelle librerie e in tivù, con grande rabbia degli appassionati di fantascienza.

(3) La strada aperta in avanti, intravista da Dante e vista da noi, oppure vista da Dante e ancora ignorata da noi. Così, oltre a vampiri e lupi mannari, saltano anche fuori ologrammi e DNA.

E...

Tanto per cominciare

Dire "Medioevo" oggi porta sostanzialmente a pensare a quattro generi di cose.

(1) Il mondo del fantasy, come si è accennato: fate, folletti, licantropi, vampiri, cavalieri, draghi, streghe, demoni, giganti, creature fantastiche... Qualche raro barlume di questo genere di folklore nella *Divina Commedia* ogni tanto lo si intravede, p.es. la maga Manto, ma è tutto lì? Quando gli odierni scrittori ci presentano un Medioevo densamente popolato di esseri magici e/o horror, ci prendono in giro? Oppure tutto questo era davvero moneta corrente ai tempi di Dante? E se lo era, Dante dove lo ha nascosto?

In realtà, il poeta non ha nascosto niente. Per i suoi lettori, i riferimenti erano evidentissimi: siamo noi ad aver perso quella sensibilità. Come quando, qualche tempo fa, si diceva "in zona Cesarini". Chissà se tra settecento anni gli studiosi e i lettori coglieranno ancora questa sottile e profonda allusione.

Eppure il boom del fantasy avrebbe dovuto aiutare a riscoprire questi aspetti della *Divina Commedia*. È vero, è uscito qualche videogioco ecc. intitolato a Dante ma, nell'insieme, le chiavi di lettura del poema rimangono più o meno le stesse di prima.

Il fatto è che, nel nostro Paese, Dante è stato monopolizzato a scopo propagandistico dalla cultura ufficiale prima e dopo l'Unità d'Italia, ed è nato così il mito del Padre della Nazione Finalmente Indipendente dallo Straniero e Padre della Lingua Italiana, sempre pensoso degli alti destini ecc. ecc. Però prima di allora nessuno si era mai sognato di presentare in questo modo la *Divina Commedia*, né come origine della lingua nazionale, né tantomeno come vaticinio delle campagne militari di Garibaldi. Basti vedere in che modo Dante era citato e utilizzato nel Trecento (dal figlio scapestrato Jacopo Alighieri al Francesco Petrarca dei *Trionfi*), nel Cinquecento (la poesia di Ludovico Ariosto, di Michelangelo Buonarroti, di Torquato Tasso), nel Seicento (Galileo Galilei, Tommaso Campanella e, a maggior ragione, John Milton), e così via, fino a William Blake nell'Inghilterra dell'Ottocento, quando però in Italia la macchina propagandistica era ormai in moto. Per quanto riguarda la lingua italiana, se duecento anni dopo la morte di Dante si era ancora alla ricerca di un vocabolario e di una sintassi, viene il sospetto che non l'avesse "inventata" lui. E quanto alla politica, Dante si fa casomai notare per essere un convinto europeista, teorico della rigida dipendenza delle autorità locali italiane dal potere centrale (allora ad Augsburg, non a Bruxelles).

Tutto questo per dire che il lato fantasy della *Commedia* non suscitava, e continua a non suscitare, alcun interesse da parte della ricerca accademica. Poco male, basterà rinunciare all'accademia; anche Dante era un *independent scholar*, dopotutto. Un precario, anzi, costretto a fare lavori al di sotto delle sue capacità, e sottopagati, arrangiandosi a campare con trasferimenti da una parte all'altra della Penisola.

(2) Misteri e intrighi: i prezzemoleschi Templari, le congreghe segrete, i patti segreti, i passaggi segreti, i tesori segreti, i documenti segreti, i viaggi segreti nelle Americhe, i segreti segreti. *Il nome della rosa*, Dan Brown e seguaci, e avanti.

Questi temi erano a conoscenza del pubblico medievale? Appassionavano anche allora i lettori? Oppure non ne avevano mai sentito parlare? E se non ne avevano mai sentito parlare, ciò dipendeva dalla cortina di silenzio o dal fatto che sono tutte leggende nate – diciamo – dal Settecento in poi? Anche qui, Dante cosa ha da raccontarci?

(3) "Feste e costumi", come si intitolava un volume dell'indimenticata enciclopedia *I Quindici*. Nella sola Umbria, di gare e sagre di sapore medievale se ne contano a bizzeffe: Palli, Ceri, Gaite, Quintane, Maggi, Calendimaggi, Giostre, sfilate, sbandieratori, tamburini, arcieri, rioni, taverne, concorsi. Interi paesi in cui, per alcuni giorni, gli indumenti indossati dalla popolazione e perfino i negozi "tornano" al Medioevo (però poi la gente gira per strada parlando al cellulare).

Senza dimenticare le tante confraternite, i Cavalieri del Santo Sepolcro e i pellegrinaggi, in particolare lungo le locali tratte della Via Francigena oppure fino a Santiago de Compostela, e in Terrasanta.

Già nel Trecento si seguivano pittoresche usanze medievali?

(4) I grandi personaggi. Questo è il punto che presenta meno difficoltà, perché in effetti Dante ci parla di un sacco di personaggi famosi... però, fermi tutti. La maggior parte di loro sono *di-*

ventati famosi *a causa* della loro presenza nella *Divina Commedia*. Altro discorso riguarda le personalità che farebbero parte della nostra cultura anche se l'Alighieri non le avesse mai citate.

Il primo personaggio famoso su cui Dante ci offre parecchio materiale (ma da prendere con le molle) è se stesso. Aveva previsto che il suo nome sarebbe rimasto inciso a lettere d'oro nella Storia della letteratura occidentale, e ci ha azzeccato. Diversamente da altre sue profezie che sono completamente sbarellate.

Probabilmente, il primo nome che viene in mente a molti, pensando "Medioevo", è san Francesco d'Assisi. Il suo ruolo nel poema è evidente, con un intero canto del *Paradiso* in cui il domenicano san Tommaso d'Aquino racconta la vita del Poverello; mentre, per *par condicio*, il francescano san Bonaventura da Bagnoregio narra la biografia di san Domenico da Guzman. Eppure, anche qui, occhio alle trappole. Al san Francesco romanzato da Dante manca qualche caratteristica che "dovrebbe" avere; o magari c'è ma abilmente mascherata. Si vedrà.

A proposito, il più celebre autore di un ciclo di affreschi dedicato al Santo di Assisi è Giotto. Dante lo elogia come il supremo pittore dell'epoca, forse a mo' di marchetta perché, a quanto pare, i due si conoscevano di persona. Un ritratto di Dante dipinto da Giotto si trova a Firenze a palazzo del Bargello, nella cappella del podestà. Ed è un Dante molto meno ingrugnito di come viene spesso rappresentato; su questo punto torneremo poco sotto, al termine del capitolo.

Di nomi noti al grande pubblico, relativi a questo periodo storico, non ne restano molti.

Ne resta però uno gigantesco: Federico II di Svevia. La letteratura su di lui oggigiorno è fitta quanto quella sui Templari, ma fin da quando il biondo Imperatore era in vita gli si è fatto dire e fare tutto e il contrario di tutto. Eretico o padre dell'ecumenismo (vedi anche in Giovanni Pascoli). Gran signore o gran depravato. Precursore della scienza sperimentale moderna (cfr. la sua *De arte venandis cum avibus*) o cultore dell'occultismo. In bene o in male, ne parlano tutti... e Dante? Alzi la mano chi ricorda in quale girone dell'inferno, o cerchio del purgatorio, o cielo del paradiso è collocato Federico II nella *Divina Commedia*. L'assordante silenzio in cui il Sommo Poeta avvolge lo Hohenstaufen lascia perlomeno stupiti. In realtà, gli Svevi e la loro corte sono disseminati dappertutto nel poema, e a mettere insieme i pezzi qualcosa di interessante salta fuori.

P.S. *Che faccia aveva Dante? A entrare nell'immaginario collettivo è stata quella accigliata, con mento alla Totò, di Gustave Doré. Nei codici miniati medievali è un volto qualunque, quasi anonimo, in netto contrasto con il protagonismo "romantico" che è emerso solo nel XIX secolo; del resto, perfino nelle Chiose del figlio Jacopo il poeta viene totalmente spersonalizzato. Giotto gli conferisce lineamenti delicati, quasi giovanili. Dopo decenni di studio, l'immagine caratteriale che me ne sono fatto è paragonabile a quella di un Vittorio Sgarbi: colto, brillante, sicuro di sé, raffinato e fanfarone, ironico e poco autoironico, simpatico e antipatico, e giustamente insofferente nei confronti della società di massa.*

Sogno di una notte di mezzo del cammin di nostra vita

Elfi, fate, folletti, *gremlin*, gnomi, orchi, *troll*, coboldi, fuochi fatui, *changeling*. Tutto questo repertorio è stato riportato in auge soprattutto dal Romanticismo inglese, anche se un grosso lavoro lo aveva già compiuto Shakespeare. Molto diversa la situazione in Italia, dove il Romanticismo, anziché nutrirsi di bizzarro folklore pagano, si è venato di austero classicismo e di cattolicesimo (con la notevole eccezione di Leopardi). Vedi non solo Manzoni, ma perfino *Le Grazie* di Foscolo.

Il fatto che il Dante Revival sia esploso in Italia proprio in quel periodo ha fatto sì che nel divino poema si siano andati a cercare appunto i temi che piacevano di più allora: da una parte, i richiami alla poesia latina e greca, poi l'amore per la Patria «sì bella e perduta», nonché i valori della massoneria e/o (!!!) del cristianesimo ottocentesco, non certo quello medievale.

E dall'altra, il gusto per i personaggi tragici ed eroici, svenevoli e maledetti, portando così alla ribalta episodi della *Divina Commedia* che mai fino a quel momento avevano goduto di tanta pubblicità: Francesca da Rimini, Farinata degli Uberti, Ulisse, il conte Ugolino.

La forza di questa operazione culturale è stata tale che chiunque abbia cercato chiavi di lettura alternative è stato messo a margine. Venne sbertucciato addirittura un colosso come Giovanni Pascoli che, nella trilogia *Minerva oscura*, *Sotto il velame* e *La mirabile visione*, pubblicati a cavallo tra XIX e XX secolo, osò rileggere Dante alla luce del pensiero medievale anziché alla luce delle manie romantiche. E pensare che lui sognava che fosse *questo* lavoro a renderlo immortale, non le poesie sul *cip-cip* degli uccellini in campagna.

Insomma, il risultato è che ora sappiamo tutto dei vari Caronte, Minosse, Cerbero, Pluto danteschi, eppure non riusciamo a vedere i suoi elfi neppure se li abbiamo sotto gli occhi.
Dove?
Non occorre andare troppo lontano: l'*incipit*.

> Nel mezzo del cammin di nostra vita
> Mi ritrovai per una selva oscura

Che la diritta via era smarrita.
[...]
Io non so ben ridir com'io v'entrai,
Tant'era pien di sonno a quel punto
Che la verace via abbandonai[1].

La curiosa situazione di Dante è abbastanza, solo abbastanza e apparentemente facile da spiegare sul piano allegorico: se la selva rappresenta il peccato, allora il sonno del poeta indica l'obnubilamento della coscienza che cade in preda al male. Solo che, gira e rigira, non risulta per niente chiaro quali sarebbero questi fantomatici e orripilanti peccati di Dante (a parte la presunzione, come riconosce lui stesso). C'è poi la interessantissima testimonianza di suo figlio Jacopo, le cui *Chiose all'Inferno*[2] costituirebbero il primo commento in assoluto al poema, se è vero che furono pubblicate nel 1322, pochi mesi dopo la scomparsa di cotanto padre... pessimo padre peraltro, o se non altro "padre assente" giustificato.

---

[1] Testo secondo *La Divina Commedia* a cura di EMILIO ALESSANDRO PANAITESCU, 6 voll., Fratelli Fabbri Editori, Milano, 1965 (settimo centenario della nascita di Dante, almeno secondo il calendario ufficiale).

[2] A cura di SAVERIO BELLOMO, Editrice Antenore, Padova, 1990.

Bene, Jacopo Alighieri anzi «Iacopo Allighier» commenta così i primi versi della *Commedia*, nel suo italiano sperimentale:

In questo cominciamento del libro, sì come proemio, significa l'autore la quantità del tempo suo, nel quale egli era quando il lume della verità cominciò prima a raggiar nella mente, avendo infino allora dormito col sonno della morte continua, cioè nell'oscurità dell'ignoranza [...] dove *la diritta via era smarrita*; per la quale figurativamente si considera la molta gente che nella oscurità dell'ignoranza permane, colla quale è impossibile di procedere per la via della umana felicità; chiamandola selva, a dimostrare che differenzia non sia da loro sensibil e razional suggetto al vegetabile solo; onde propriamente di cotal gente selva d'uomini si può dire, come selva di vegetabile piante.

La selva come condizione dell'uomo-massa, uniformato, ottuso, ridotto a una bassa vita animale, anzi peggio, intellettualmente vegetale. Fino ad allora[3] Dante era stato "uno dei tanti", un pecorone, un ramo secco, e poteva "permanere" così per sempre, quand'ecco che

---

[3] Cioè fino ai 33 o 34 anni, dice Jacopo; il che getta qualche ombra sul 1265 come anno di nascita di Dante.

ha un'illuminazione che lo "sveglia". Pascoli è stato probabilmente l'unico a riprendere questo significato della selva oscura; non solo perché aveva letto il testo di Jacopo ma perché si era profondamente calato nella mentalità medievale e aveva un solido appoggio in una pagina del *Convivio*. Parole al vento.

Tutto questo non toglie che il significato allegorico della poesia doveva basarsi sul suo significato letterale, ed è qui che arriva la gradita sorpresa. Com'è possibile, non sul piano simbolico ma su quello concreto della narrazione, che Dante entri in una foresta senza accorgersene, quasi dormendo in piedi, e all'improvviso si guardi attorno e non capisca più dov'è finito, come ci è finito, quando ci è finito?

A causa di un brutto tiro giocatogli dagli elfi, come lo shakespeariano Bottom che di colpo si ritrova una testa di asino sulle spalle. Nel caso di Dante, una delle leggende di maggior successo sugli spiriti delle foreste è che, a passare attraverso un loro "cerchio magico", p.es. un cerchio di funghi, si perde il senso del tempo, a volte per secoli. In alternativa, i fuochi fatui si divertono a far smarrire i viandanti. Un lettore[4] del Me-

---

4 O un ascoltatore, dato che i libri erano spesso recitati

dioevo non aveva bisogno di altre indicazioni per capire che cosa avesse causato il "sonno" e l'oblio di Dante mentre passeggiava per i fatti suoi o si spostava da una città all'altra nell'allora verdissima Italia.

Nella selva, Dante subisce gli effetti delle malìe degli elfi ma non li vede: quando si accorge di essersi smarrito è troppo tardi, ormai il cerchio magico o i fuochi fatui sono chissà dove alle sue spalle. Questo però dispiace, perché sarebbe stupendo vedere raffigurate dalla potenza immaginifica di Dante queste creature che ancora oggi affascinano milioni di persone in tutto il mondo.

Ma forse lui lo ha fatto. Forse ci ha lasciato un ritratto – in poche, dense parole, come suo solito – delle *faeries*, che non sono solo le fate ma anche folletti e compagnia. E lo fa in un episodio tra quelli troppo sottovalutati sia dalla critica che dagli artisti, tanto che l'unico a illustrarlo sembra sia stato Alberto Martini. I versi sono quelli in cui di descrivono le anime degli ignavi...

---

in pubblico, a causa dell'analfabetismo, della rarità dei volumi, ancora scritti a mano, e dell'assenza di televisione.

Che visser sanza infamia e sanza lodo.
Mischiate son a quel cattivo coro
Delli angeli che non furon ribelli
Né fur fedeli a Dio, ma per sé foro[5].

Gli angeli neutrali, che nello scontro ai primordi della creazione non combatterono né al fianco di Satana né di Dio, sarebbero, secondo una delle innumerevoli leggende, proprio gli attuali spiritelli. Né angeli né diavoli. Schivi, dispettosi, difficili da incontrare e da trattare, ma a volte servizievoli e giocosi. Quanto poi al fatto che si troverebbero sia dentro l'inferno sia fuori, nella selva o nel mondo esterno in generale, non c'è nulla di strano perché la stessa regola vale anche per i demoni.

E almeno un altro elfo proverà a intralciare il cammino di Dante. Lo si trova nascosto in mezzo alla schiera demoniaca dei «malebranche»[6] con i loro nomi spumeggianti che suonano come una filastrocca:

"Tra'ti avante, Alichino, e Calcabrina",
Cominciò elli a dire, "e tu, Cagnazzo;
E Barbariccia guidi la decina.

---

[5] *Inferno* 3, 36-39.
[6] *Inferno* 21, 118-123.

Libicocco vegn'oltre e Draghignazzo,
Ciriatto sannuto[7] e Graffiacane
E Farfarello e Rubicante pazzo".

Come annota Emilio Alessandro Panaitescu:
«Alichino deriva da *Hellequin*, nome di un diavolo che appare spesso in leggende francesi»[8] ma incredibilmente si dimentica di segnalare che da Alichino a sua volta deriverà Arlecchino. Ancora in alcuni artisti del primo Novecento, tra cui Alberto Martini, la maschera dal costume multicolore viene rappresentata con inquietanti tratti demoniaci. Ma in generale, dal Medioevo a oggi, ha prevalso l'aspetto burlone.

Lì in mezzo però c'è un altro signore che ci interessa, sempre nelle parole di Panaitescu: «Farfarello era nell'immaginazione popolare un folletto». A proposito, la parola "folletto" compare anch'essa nella *Divina Commedia*, una volta sola, qui:

[...] "Quel folletto è Gianni Schicchi,
E va rabbioso altrui così conciando"[9]

---

[7] Munito di grosse zanne.
[8] Tutte le citazioni da Panaitescu – così come quelle di Jacopo Alighieri – si trovano nella pagina relativa ai versetti della *Commedia* che vengono commentati.
[9] *Inferno* 30, 32-33.

dove sembra usata come metafora... o si insinua che Gianni Schicchi fosse un *changeling*? In un certo senso lo era, perché si sostituì a Buoso Donati per falsificarne il testamento. In ogni caso, qui al concetto di folletto si associano la rabbia e il gusto di "conciare per le feste" la gente; che sono caratteristiche, ad esempio, dei *goblin*.

Strega, tocca color...

In qualità di intellettuale del tardo Medioevo, Dante Alighieri tendeva a demitizzare le credenze popolari. Non a negare tutto, ma a smorzare un po' i toni, a rifilare le esagerazioni, a reinterpretare le leggende in chiave teologica, senza però eliminare quel tocco di mistero che pervade la realtà che ci circonda.

In qualche caso, come per le streghe, il suo approccio è molto moderno nel senso che è radicalmente storicista. Dante condanna all'inferno streghe, maghe, fattucchiere, indovini, tratti sia dalla letteratura classica (Calcante, Manto, ecc.) sia dalla cronaca contemporanea. Li condanna a causa del loro atteggiamento, del loro insano desiderio di scrutare il futuro o di influire sugli eventi contro la volontà delle loro vittime, *ma non afferma* che le streghe potessero distruggere interi raccolti pronunciando un paio di formule, o uccidessero i bambini o avessero rapporti sessuali con il demonio. Anzi, la sua descrizione è sociologicamente molto precisa: si trattava di donne che facevano incantesimi molto terra-terra con le erbe e con le immagini, e lascia anche intravedere che questa attività conferiva loro un prestigio che sarebbe stato impossibile acquisire in altri modi. Una donna, per fare carriera, doveva essere regina, o puttana, o maga[1].

Fin qui la sua analisi coincide con quella della sociologia attuale. La differenza però è che Dante sale in cattedra immedesimandosi nel ruolo del maschio sciovinista e deride queste "donnicciole", che avrebbero fatto meglio – sentenzia – a starsene chiuse in casa a filare la calzetta.

È estremamente significativo fare un confronto con l'*Orlando furioso*. Ariosto si diverte infatti ad attribuire alle streghe poteri di ogni tipo, perfino inediti e sbalorditivi, come fermare il Sole e fargli girare la Terra intorno, con riferimento ironico alle polemiche astronomiche dell'epoca. Eppure, in più occasioni, il poeta degli Estensi difende queste donne dagli assalti della società che vorrebbe emarginarle, anzi sterminarle. Si ricordi che la "caccia alle streghe" non era un fenomeno medievale (come Dante conferma in-

---

[1] Cfr. le statue di (in teoria) Rachele e Lia scolpite da Michelangelo: la santa e la strega.

direttamente) ma rinascimentale. Qui, come su tanti altri temi, dietro lo humour di Ariosto si cela un atteggiamento a dir poco rivoluzionario, a volte addirittura blasfemo, se non fosse criptato con cura.

Dante, rispetto ad Ariosto, è più bipolare. Nei diversi campi – teologia, sociologia, psicologia – tende ad assumere prospettive anche opposte, che espone in punti diversi del poema, anche lontanissimi. L'universo appare allora in tutta la sua complessità, non solo intesa come molteplicità di elementi ma anche e soprattutto come ambiguità, ambivalenza. Questo è, tra l'altro, uno dei motivi per cui sarebbe bene leggere la *Divina Commedia* tutta insieme, non solo qualche episodio, magari soltanto episodi dell'*Inferno*, come accade anche a seri studiosi, p.es. negli Stati Uniti.

Per tornare alle streghe, oltre a quelle nominate nel ventesimo canto dell'*Inferno*, ne vanno esaminate altre due. Anzi tre.

Una «antica strega» compare nel canto 19 del *Purgatorio*. Compare in sogno a Dante, come un simbolo degli ultimi tre peccati che vengono purificati in purgatorio: avarizia (nel senso del latino *avaritia*, avidità; il *greed* di cui si parla tanto oggi in riferimento alla finanza internazionale), gola e lussuria. Una connotazione negativa, quindi, ma anche di tipo simbolico, abbastanza slegata dalle attività delle "vere" streghe in carne e ossa. Il termine infatti viene usato in relazione a "sirena": Dante aveva visto in sogno una bella sirena che si trasformava in un'orrenda strega. Se la prima attrae, la seconda respinge. In pratica, viene a dire che il peccato, quando se ne è compreso il dis-valore, perde tutto il suo fascino. Qui Dante sembra quindi avere utilizzato l'immagine della strega non in riferimento ai suoi presunti poteri magici ma a causa della proverbiale bruttezza di queste donne. In questo modo l'alta poesia della *Commedia* si ricollega, ancora una volta, alla cultura popolare.

In compenso, i favolosi poteri delle streghe vengono richiamati in maniera sorprendente in un episodio – di nuovo – abbastanza snobbato dai più. Nel canto 9 dell'*Inferno*, Dante e Virgilio si trovano in un'*impasse*, di fronte a una difficoltà insormontabile che minaccia di impedire del tutto la prosecuzione del loro viaggio. Allora il poeta fiorentino chiede a quello latino se abbia esperienza di queste cose per potersi cavare dai guai, e lui risponde di sì, perché...

> Vero è ch'altra fiata qua giù fui,
> Congiurato da quella Eritòn cruda

Che richiamava l'ombre a' corpi sui.
Di poco era di me la carne nuda,
Ch'ella mi fece intrar dentr'a quel muro
Per trarne un spirto del cerchio di Giuda[2].

Se era già abbastanza curioso che Virgilio avesse attraversato l'inferno anche *prima* di incontrare Dante, diventa pazzesco l'espediente inventato da Dante per giustificare quel viaggio precedente: lo spirito di Virgilio sarebbe stato evocato dalla maga/strega Erittone per andare a prendere un altro spirito in fondo all'inferno. Quindi è vero che le streghe avevano poteri del genere? Ma se Erittone li aveva, perché non compì l'impresa da sola? E perché "congiurò" proprio Virgilio come aiutante?

La risposta all'ultima domanda è la più facile, perché nel Medioevo l'autore dell'*Eneide* aveva fama non solo di sommo poeta (l'*Eneide* veniva usata nelle scuole come "manuale di lingua latina"), ma anche di grande sapiente in generale e, a causa del suo interesse per i fenomeni naturali, anche di mago. Detto questo, però, il problema non è risolto. Perché l'episodio di Erittone potrà forse spiegare la conoscenza che Virgilio ha dei

---

[2] *Inferno* 9, 22-27.

vari cerchi infernali, ma non spiega come mai Virgilio sappia un sacco di cose anche a proposito del purgatorio, dove non è mai stato prima[3].

Ma questa connessione Virgilio-stregoneria non è ancora nulla in confronto alla scena che stiamo per descrivere. E di nuovo, si tratta di un aspetto del poema che viene sistematicamente trascurato; in questo caso però la colpa è delle "dimensioni", come quando si cerca l'insegna di un negozio e *non* la si vede proprio perché è così grande da sovrastare le altre. L'episodio è infatti notissimo e molto studiato, ma proprio questa analisi "da vicino" nasconde ciò che si vedrebbe "da lontano".

È l'incontro di Dante con il mostro Gerione, a cavallo tra il canto 16 e il canto 17 dell'*Inferno*. Il termine "mostro" è generico in via prudenziale, per non sbilanciarsi troppo e per arrivare gradualmente all'intrigante slittamento iconografico operato da Dante. In origine, nella mitologia greco-latina, Gerione,

---

[3] Per spiegare questa anomalia, Giovanni Pascoli avanza l'ipotesi, geniale, che limbo e purgatorio coincidessero. L'idea verrà ripresa in via indipendente dal giapponese Go Nagai (l'inventore di Goldrake, Mazinga, Jeeg Robot) nella sua versione a fumetti della *Divina Commedia*.

figlio di Crisaórso e di Callíróe, regnava nell'isola di Gades in Ispagna. Rappresentato come gigante con 3 teste, 3 corpi, 6 ali. Ercole lo uccise perché nutriva i buoi con carne umana[4].

Mostro era mostro, poco da dire.

Dante semplifica il tutto e rielabora a modo suo il look della creatura attribuendole *(1)* testa umana, *(2)* zampe artigliate, *(3)* corpo di serpente. L'insieme corrisponde solo più o meno all'immagine classica di Gerione; ma soprattutto rinvia direttamente alle raffigurazioni medievali, e poi rinascimentali, del Serpente che nel paradiso terrestre tentò Adamo ed Eva. Con una piccola differenza: nelle miniature medievali e nei dipinti rinascimentali il Serpente ha il volto di donna, non di uomo giusto e benigno[5] come il Gerione di Dante. In pittura, anzi, molto spesso il volto femminile del tentatore coincide con quello di Eva. È la anti-Eva, Lilith. Nell'*Inferno* di Dante, dato che Gerione emerge dall'abisso di fronte a Virgilio, è possibile che adotti la *sua* fisionomia, quasi come uno specchio, per tentare di ingannare i due pellegrini dell'Assoluto.

---

4 A. Fabre, *Dizionarietto della mitologia greca e romana*, Società Editrice Internazionale, Torino, 1943.

5 Cfr. *Inferno* 17, 10-11.

Temo che, come il Serpente con la sua malizia sedusse Eva, così i vostri pensieri vengano in qualche modo traviati dalla loro semplicità e purezza nei riguardi di Cristo [...] perché Satana si maschera da angelo di luce[6].

Niente paura, i nostri eroi se la caveranno anche stavolta. Anzi, per scendere dal settimo all'ottavo cerchio dell'inferno saliranno addirittura in groppa a Gerione.

In volo in groppa a un mostro demoniaco.

Come le streghe che si radunavano per il sabba.

---

[6] PAOLO DI TARSO, *Seconda lettera ai Corinzi* 11, vv. 3 e 14. Versetti che sono anche all'origine di una delle pagine più straordinarie del poema *Paradiso perduto* di Milton: il sogno di Eva.

*Quando la luna piena
ti bacerà le mani*

Due protagonisti assoluti dell'attuale *revival* fantasy medievale o simil-medievale sono vampiri e lupi mannari. Nutrito di cultura classica... o perlomeno di quella che lui considera cultura classica... Dante preferisce lavorare su creature come Cerbero o il Minotauro, o sulle *Metamorfosi* di Ovidio, invece che sulla pletora di leggende della sua epoca. Ciò non toglie che nel poema riservi a succhiasangue e licantropi due deliziosi cammei, uno quasi invisibile, l'altro (cfr. sopra, Gerione) invisibile perché fin troppo evidente.

Anzitutto il conte Dracula e soci. A nominarli è nientemeno che san Pietro in persona, quando perde la pazienza a causa della corruzione che dilaga nella Chiesa cattolica, soprattutto per colpa – secondo lui, cioè secondo Dante – di pontefici francesi come Clemente V[1] e Giovanni XXII[2]. San Pietro tuona così:

---

[1] Che fondò l'Università di Perugia.

[2] Che dichiarò santo Tommaso d'Aquino, uno degli autori

Del sangue nostro Caorsini e Guaschi
S'apparecchian di bere![3]

I Papi originari della Guascogna e di Cahors si apprestano a bere il sangue dei buoni cristiani. In nota, Panaitescu riporta un'osservazione di un altro studioso, Mattalia: «Quasi non si trattasse solo di due papi, ma di un'invasione di sanguisughe e vampiri».

Il doppio riferimento, al mondo naturale e a quello soprannaturale, è d'obbligo. Nella "lettera aperta" che inviò ai cardinali radunati in Conclave a Carpentras nel 1314 dopo la morte del guascone Clemente V, Dante scriveva infatti, rivolgendosi alla Chiesa personificata:

> Ha Mater piissima, sponsa Christi, que
> in aqua et Spiritu generas tibi filios ad
> ruborem! Non caritas, non astrea, sed
> filie sanguissuce factae sunt tibi nurus[4].

Parafrasando: la Chiesa, sposa di Cristo, genera i suoi figli dall'acqua e dallo Spirito (batte-

---

preferiti di Dante.
[3] *Paradiso* 27, 58-59.
[4] Testo basato sulla ricostruzione critica a cura di R. MORGHEN, *Dante profeta tra la Storia e l'Eterno*, Jaca Book, Milano, 1989, p. 134.

simo). Ma, anziché una gioia, questa è ormai una vergogna, perché ad accompagnare la Chiesa non sono più la carità o la giustizia bensì le sanguisughe, o meglio "le figlie della sanguisuga". Dante allude a un versetto della Bibbia, *Proverbi* 30, 15, che nell'attuale versione italiana ufficiale della Chiesa cattolica suona: «La sanguisuga ha due figlie: Dammi [e] Dammi». Nella *Vulgata* latina utilizzata dal Medioevo fino alla metà del XX secolo, il versetto recitava, con una sfumatura solo lievemente diversa: *Sanguisugae duae sunt filiae, dicentes: Affer, Affer*. La lettera del 1314 è cronologicamente precedente ai corrispondenti versetti della *Commedia*, perché nel poema Dante già sa che da quel Conclave è stato eletto l'odiatissimo[5] Giovanni XXII, caorsino. Appare evidente che i cardinali, ammesso che abbiano mai ricevuto quella lettera, se ne infischiarono delle raccomandazioni dell'Alighieri, *tsé*, un semplice laico e forse pure eretico. E allora il poeta riprende quelle frasi, le mette in bocca a san Pietro e le ri-sputa contro il papato corrotto.

---

[5] Ne parla malissimo anche Umberto Eco nel *Nome della rosa.*

In un mondo in cui un serpente poteva essere il diavolo o viceversa, un gatto poteva essere una strega o viceversa, veniva spontaneo istituire un parallelismo tra le sanguisughe delle paludi e i vampiri dei racconti horror che serpeggiavano tra la popolazione.

Più tardi, le sanguisughe diventeranno il simbolo della nostra intera società, egoista e iper-sfruttatrice, nel racconto *Le sorelle della palude* di Primo Levi. Siamo tutti Caorsini e Guaschi.

Ma non tutti traditori, si spera. Una "dottrina" dantesca molto contestata dai teologi medievali è quella per cui, quando qualcuno commette un tradimento, il suo peccato è talmente enorme che fin da subito la sua anima precipita all'inferno, mentre il corpo resta sulla terra, manovrato da un demonio (*Inferno* 33, 121-133). Un'idea che a Dante può essere venuta leggendo i vangeli (*Luca* 22, 3; *Giovanni* 13, 27). Ora, come si chiama un non-morto posseduto da un'energia oscura di origine non-umana? Si chiama *Undead*, *Nosferatu*, vampiro.

E a proposito di *Inferno*, canto 33...

La bocca sollevò dal fiero pasto
[...]
"Breve pertugio dentro dalla muda

La qual per me ha il titol della fame,
E 'n che conviene ancora ch'altrui si
chiuda,
M'avea mostrato per lo suo forame
Più lune già, quand'io feci 'l mal sonno
Che del futuro mi squarciò 'l velame.
Questi pareva a me maestro e donno,
Cacciando il lupo e' lupicini al monte
[...]
Ambo le mani per il dolor mi morsi;
Ed ei, pensando ch'i' 'l fessi per voglia
Di manicar, di subito levorsi,
E disser: Padre, assai ci fia men doglia
Se tu mangi di noi [...]"
Quand'ebbe detto ciò, con gli occhi torti,
Riprese il teschio misero co' denti
Che furo all'osso, come d'un can, forti.

Pare assodato che il celebre verso «Poscia, più che 'l dolor, poté 'l digiuno» non indichi un atto di cannibalismo del conte Ugolino nei confronti dei figli, ma la morte di Ugolino per sfinimento. Tutta la critica però si è appuntata su quelle parole, quasi senza notare tutto il resto. L'episodio si apre e si chiude con l'immagine di un pasto feroce, bestiale, mentre gli stessi occhi del personaggio hanno qualcosa di orribile. In cella, Ugolino osserva soprattutto la luce della luna piena che filtra dalla finestrella.

E poi sogna di essere un lupo. La visione onirica ha valore profetico, preconizza che i cinque prigionieri verranno fatti crudelmente morire dai loro avversari. E va bene, ma perché non ricorrere a icone più lineari e tradizionali: il cerbiatto inseguito dal leopardo, ecc.? No, invece il conte sogna che lui e i suoi figli[6] si trasformano in lupi. E al risveglio è perlomeno tentato di nutrirsi di carne umana. E nella "realtà" rode furiosamente le ossa dell'arcivescovo Ruggeri. L'unico artista che abbia raffigurato questi momenti in maniera adeguata, potentissima, è stato Beppe Madaudo con i suoi *Quadri di Divina Commedia* del 1982.

Mettendo insieme tutti i tasselli del puzzle, la conclusione, senza tanti giri di parole, è la seguente.

Il conte Ugolino era un lupo mannaro.

---

[6] In effetti si trattava di due figli e due nipoti, ma Dante li considera quattro figli. Forse per suggerire l'idea di una maledizione che si tramanda geneticamente.

P.S. Anche Dracula, che guarda caso era un conte pure lui, sapeva trasformarsi in lupo. Del resto, le due leggende sono spesso intrecciate. Secondo qualche versione, chi è licantropo da vivo diventa vampiro da morto, ecc.

Ma lo chiamavan Drago

La parola "drago" è un po' fuorviante. Oggi come oggi fa venire in mente enormi creature a quattro zampe, o a due zampe (*wyvern*, viverna), con lungo collo, lunga coda e ali di pipistrello; di preferenza con le scaglie, ma non necessariamente; ammesse anche penne, vello, corna, ecc. Nell'antichità greca, poi latina, nella Bibbia e nel Medioevo il termine è praticamente sinonimo di grosso (ma non sempre gigantesco) serpente, con il bonus che il drago può magari concedersi qualche orpello anatomico in più.

In inglese la storia ha un'ulteriore complicazione linguistica: l'antico *wyrm*, da cui *worm*, si riferiva a serpenti favolosi. La cosa vale ancora nel 1911 per il romanzo *The Lair of the White Worm* di Bram Stoker; ma qui l'autore è costretto a fornire spiegazioni, perché nel frattempo il termine è passato a indicare il piccolo verme. Nell'Ottocento, William Blake unificava i due concetti raffigurando un gigantesco e pericoloso lombrico. Ironia della sorte, in Australia lombrichi lunghi tre metri esistono davvero!

Da parte sua, Dante definisce "vermo" sia Cerbero sia Lucifero, e il significato della parola sembra altalenare tra il baco che guasta la mela e il mostro strisciante.

Infine, la cultura figurativa contemporanea, tra libri e film, si trova in bilico tra la concezione tradizionale dell'Occidente, che vede il drago come un mostro demoniaco, e la concezione dell'Oriente, che lo considera un'energia vitale benefica. Nel Medioevo, invece, l'idea di queste creature resta costantemente negativa, a eccezione delle miniature e delle decorazioni delle cattedrali, dove fanno capolino simpatici draghetti.

Vediamo Dante dove ne parla, e come.

Tra i diavoli delle Malebolge, citati sopra, ce n'era uno di nome Draghignazzo. Potrebbe essere un gioco di parole tra "drago" e "sghignazzo", e forse si dà per implicito che il demonio in questione abbia qualche tratto da rettile, così come Ciriatto ha zanne da cinghiale, ecc. Tra gli artisti che, dal Medioevo a oggi, hanno illustrato la bolgia dei barattieri si notano due tendenze: o raffigurare i demoni tutti più o meno identici (caso tipico, Gustave Doré) oppure sbizzarrirsi con le forme, caratterizzandone ognuno in modo diverso per colore, tegumenti, appendici (vari codici miniati, affreschi, Alberto Martini, ecc.). Il testo dell'*Inferno* offrirebbe sostegno a entrambe le ipotesi.

L'unico drago che all'*Inferno* viene chiamato espressamente così, nella forma grecizzante "draco", si trova però nella bolgia dei ladri, canto 25. Dante gli fornisce due elementi-chiave: le ali e la capacità di sputare fiamme. Ciò che non collima con il nostro immaginario sono le dimensioni: questo drago infatti sta a cavalcioni del centauro Caco, quindi ha più o meno la stazza di un essere umano.

È però da aggiungere che l'intero canto 25 è popolato di rettili di tutti i generi, con caratteristiche aberranti, che possono ben rientrare nella definizione di drago. Ad esempio il mostro con sei zampe che aggredisce Agnèl Brunelleschi e si fonde con lui in un orrore tipo *La Cosa* di John Carpenter. Qui Dante trascende di molto il folklore medievale. Il suo modello, che egli dichiara di voler battere sul suo stesso terreno (e ci riesce), è l'Ovidio delle *Metamorfosi*. In più, tutta la terminologia utilizzata in questo canto allude, rovesciandola in maniera blasfema, al dogma dell'Incarnazione: «né due né uno», «una faccia ov'eran due perduti», «due e nessun», «due nature», in contrapposizione alla "persona in due nature" di Cristo.

Qui allora il drago diventa il simbolo dell'intera umanità caduta preda del demonio, sfigurata, snaturata; l'umanità che ha perso la "immagine e somiglianza di Dio" che aveva al principio. Non a caso, Milton rielaborerà proprio questi versi per descrivere Satana che si impossessa del serpente in Eden: *to incarnate and imbrute*. Se poi l'Alighieri, come afferma il dantista alternativo Adriano Lanza, aveva frequentazioni o addirittura un'appartenenza alla setta clandestina[1] dei Catari, questa visione dell'umanità "perduta" assume un peso ancora più rilevante. E assume un peso ancora più rilevante il grido dei due dannati che assistono alla metamorfosi: «[...] Ohmè, Agnel, come ti muti!»[2]

Dove di mezzo non c'è solo il nome (Agnèl, o Angelo) Brunelleschi, ma l'Agnello di Dio, Cristo, che *dovrebbe* essere il modello dell'Uomo, e invece l'Uomo ha preferito assimilarsi a Satana. Il canto 25 dell'*Inferno* si trova esattamente al

---

[1] Ufficialmente, a quell'epoca erano già stati sterminati tutti. La storia del cristianesimo è un torneo a eliminazione diretta.
[2] *Inferno* 25, 68.

25%, a un quarto del poema. La semiologia insegna che a questo punto in un libro, o un film, avviene la prima grande svolta. La seconda, quella decisiva, cade attorno ai 100/120 del totale, che nel caso della *Divina Commedia* è l'incontro con Cacciaguida in paradiso e, a seguire, il dialogo con l'Aquila luminosa con mente ad alveare[3]. L'aquila contro il serpente. La Persona cosmica (cfr. *Purusa* nell'induismo) contro il demonio che "ruba" la vera identità dell'Uomo.

Serpente, drago e aquila risbucano nel *Purgatorio*. Nella valle dei re, al canto 8, Dante vede con i suoi occhi quello stesso serpente che venne usato da Satana per sedurre Eva (in base alla cronologia medievale, il rettile doveva avere qualcosa come 6.000 anni! Tutto merito di una vita a contatto con la Natura). L'animale viene scacciato non da un'aquila ma da due angeli, che in qualche modo veicolano lo stesso messaggio; e poco dopo il poeta sogna un'aquila dalle penne d'oro che lo afferra e lo porta in alto, simbolo della grazia divina.

Un drago vero e proprio, il secondo e ultimo del poema, fa la sua comparsa al termine del

---

[3] Vedi sotto, cap. *Jesus Christ Super-Star*.

Purgatorio, in cima alla montagna scalata da Dante e Virgilio. Lì sorge la foresta dell'Eden, proprio quella in cui fu creato Adamo. Che poi – altra geniale intuizione di Pascoli – è sempre la selva oscura del canto 1 dell'*Inferno*, ma guardata dalla prospettiva spirituale opposta.

Qui Dante assiste a una processione di figure allegoriche che riassumono la storia della Chiesa dalle origini all'inizio del XIV secolo. Un carro trionfale rappresenta la Chiesa ma a un certo punto da sottoterra spunta un drago che – invenzione deliziosa – pianta la coda nel fondo del carro, come una vespa, e ne strappa via un pezzo. La scena è stata spiegata in vari modi. L'ipotesi più accreditata è che Dante si riferisca alla nascita dell'islam. Da notare la finezza: Maometto non avrebbe dato il via a una *nuova* religione, ma avrebbe sottratto fedeli alla religione, già esistente, del cristianesimo. La cosa si spiega se si tiene presente quale fosse a quell'epoca la "biografia" di Maometto che circolava negli ambienti cristiani. Ce la riassume in maniera gustosa Jacopo Alighieri.

> [...] alcun grande prelato d'Ispagna, nominato Maometto [...] il quale anticamente, essendo dal papa di Roma alcuna volta mandato oltremare, per invidia di sua facultade, con grande impromissio-

ne, a predicare di Cristo, e con vittoria di
fede tornando, e non trovando alle pro-
missione fermo volere, ritornato di là, il
contrario predicando ridisse, afferman-
do la credenza ch'al presente per saracini
si ritiene[4].

Insomma, c'era questo ricco prelato spagnolo
di nome Maometto. Il Papa, roso dall'invidia,
escogita uno stratagemma per mettere le zampe
sui suoi beni: facendogli tante false promesse,
lo manda a predicare il vangelo in Arabia, nella
speranza che qualche anima buona lo accop-
pi. Invece la predicazione di Maometto ottiene
un successo straordinario. Lui torna a Roma a
riscuotere e gli rispondono picche. Allora Maometto mangia la foglia, sbotta, torna in Arabia
e predica tutto l'opposto, e così nasce il tanto
temuto islam.

Fra tutti, non è che il Papa ci faccia una gran
figura. Invidie, avidità, scorrettezze, menzogne.
Come quella volta che Bonifacio VIII giocò un
tranello a Dante Alighieri[5] che era suo ospite a
Roma come ambasciatore, e lo costrinse a resta-

---

[4] Nel commento al canto 28 dell'*Inferno*.
[5] E indirettamente a Jacopo, che era appena nato, e da
allora ebbe un'infanzia e un'adolescenza terribili.

re lì anziché tornare a Firenze, così Dante non poté difendersi in tribunale e venne condannato all'esilio per sempre. Che razza di serpenti giravano per la Curia vaticana! Mah, cose d'altri tempi.

Purgatorio,
un vero paradiso

Dato che si è cominciato a parlare del purgatorio dantesco, vale la pena dedicarvi una riflessione a parte, perché la seconda cantica della *Divina Commedia* meriterebbe molta più attenzione di quella che spesso le si riserva.

Da completare intanto, a partire da qui, la disamina degli animali mitologici classici o fantasiosi/fantasy, che sono così caratteristici del Medioevo. In qualche modo apparentato ai draghi è il grifone, che Dante vede nella foresta dell'Eden, in cima alla montagna del purgatorio. L'animale «binato», ossia mezzo aquila mezzo leone, marcia al centro della processione simbolica a cui si è accennato. Il suo ruolo è da protagonista assoluto: raffigura infatti nientemeno che Gesù Cristo, che è Dio (aquila, animale celeste) e uomo (leone, animale terrestre). Tra parentesi, il fatto che a simboleggiare l'umanità sia il leone si presta a una doppia lettura. Da un lato, sottolinea che l'uomo è il "re del creato". Ma dall'altro sembra anche suggerire che a connotarci è la «rabbiosa fame» del leone descritto in *Inferno* 1: fame, necessità fisica, bisogno e, quindi, aggressività contro i nostri simili.

Istruttivo anche un confronto con l'ippogrifo (figlio di un grifone e di una cavalla) dell'Ariosto. Rispetto al grifone dantesco, l'animale cavalcato da Astolfo ha un valore molto meno sacrale. D'altro canto, però, l'ippogrifo viene descritto con una immediatezza, una vivacità, quasi con un realismo zoologico che mancano al grifone del *Purgatorio*, il quale resta piuttosto "ingessato". Dal sacro simbolo di Dante alla "fantasia concreta" di Ariosto, ossia un elemento bizzarro che interagisce con gli elementi dell'esistenza quotidiana... come succede nella realtà.

Per concludere, tra le altre creature fantasy, Dante cita e descrive l'araba fenice. Viceversa, incredibile ma vero, non nomina neppure l'unicorno. I giganti ci sono, ma quelli della mitologia greca, non quelli del gelido Nord. Niente gnomi o nani intenti alla lavorazione dei metalli; a meno che il poeta non alluda a loro quando dice di "non sapere chi" abbia cesellato le architetture dell'inferno. Nella foresta dell'Eden compaiono delle "ninfe" ma non delle fate. Una sirena appare a Dante in sogno: quella che poi si tramuta in strega, vedi sopra. Niente serpenti marini[1] o *kraken*, se non altro perché nel suo lungo pellegrinaggio Dante non attraversa tratti di mare. Quanto al lupo *Fenrir*, la lupa di *Inferno* 1 ne è una degna sostituta.

Probabilmente, il più grande estimatore del *Purgatorio* di Dante è stato John Milton, che ne ha anche colto la portata rivoluzionaria. Già Jacopo Alighieri, nel 1322, informava i lettori che inferno, purgatorio e paradiso *non* erano tre luoghi nell'aldilà ma tre condizioni dell'umanità su questa terra. C'è un intrigante parallelo con l'antropologia gnostica standard, che suddivide gli esseri umani in tre ordini: gli "ilici" (legati alla terra, alla materia, dannati), gli "spirituali" (predestinati alla salvezza) e gli "psichici" a metà strada, che possono indirizzarsi da una parte o dall'altra. Oppure si potrebbe dire che l'*Inferno* è il mondo "come è", il *Purgatorio* il mondo "come era, o come avrebbe dovuto essere" e il *Paradiso* il mondo "come sarà".

Di fatto, Dante concepisce il suo viaggio al purgatorio come una Macchina del Tempo che,

---

[1] Citati invece da Torquato Tasso nel poema *Il mondo creato*, fonte imprescindibile di Milton.

a partire letteralmente da Adamo ed Eva, gli permette di ripercorrere l'intera Storia umana nei suoi eventi fondanti e nelle sue dinamiche fondamentali. Proprio come farà Milton, che nel *Paradiso*[2] *perduto* ambienterà il dramma dei Progenitori in una foresta in cima a una montagna, e di lì spazierà in lungo e in largo rileggendo tutto il susseguirsi di eventi dalla creazione dell'universo all'invenzione del cannocchiale di Galileo Galilei (che Milton conobbe di persona). Per curiosità, nel *Paradiso perduto* la scena *clou* in cui Eva si allontana da sola in mezzo alla Natura e incontra il Serpente è un mix tra l'episodio di Matelda nel *Purgatorio* di Dante e la scena del serpente gigante sull'isola di Armida nella *Gerusalemme liberata* di Tasso.

Anche senza andare sui massimi sistemi, il purgatorio dantesco è rivoluzionario rispetto a tutta la letteratura medievale. All'inizio del Trecento l'esistenza del purgatorio non era ancora un dogma ufficiale, sebbene avesse una storia antichissima, fin dalla Scuola di Alessandria d'Egitto del II secolo d.C., con pensatori della leva-

---

[2] Il termine è ambiguo. In inglese, *paradise* indica il paradiso terrestre, mentre quello celeste è *heaven*.

tura di Clemente Alessandrino e Origene. Per quegli autori il "purgatorio" (non inteso come luogo geografico ma come fase di purificazione) non era affatto una devozionucola bigotta, anzi implicava un'idea sconvolgente di Dio e di universo, in cui tutte le carte potevano sempre rimescolarsi: perfino a Satana restava qualche *chance*. E infatti Origene venne condannato come eretico.

Nel tardo Medioevo le descrizioni del purgatorio erano appannaggio dei mistici, e soprattutto delle mistiche, vuoi nordiche vuoi nostrane (santa Caterina da Genova). Ad accomunare queste descrizioni è il fatto che il purgatorio, più che l'anticamera del paradiso, è una *dependance* dell'inferno. Fiamme, torture, demoni... l'unica differenza rispetto all'inferno era che le pene potevano essere un po' più leggere, oppure neanche quello, però erano destinate a interrompersi prima o poi, bella consolazione.

Tutto l'opposto in Dante. Già il fatto che il purgatorio si trovi su un'isola agli antipodi, anzi sull'isola su cui sorgeva l'Eden, non ha paralleli. E poi, le atmosfere! Valli baciate dal sole, paesaggi resi romantici dal tramonto, angeli che accolgono soavemente i nuovi arrivati. Tutto sommato, un ambiente abbastanza New Age. Per fare un ulteriore rimando, se si prende *Cielo e inferno* del visionario settecentesco Emanuel Swedenborg (di cui era seguace, all'inizio, William Blake), il purgatorio di Dante verrebbe a corrispondere al "mondo degli spiriti" in cui le persone appena morte si preparano alla propria condizione definitiva, sotto la supervisione di "angeli" cioè spiriti-guida[3].

Parlare di atmosfere è tutt'altro che accessorio in un genere come il fantasy: gran parte del fascino di questi libri e film deriva proprio dalle sensazioni che riescono a trasmettere, al di là di trama e personaggi che ricalcano spesso dei cliché. Con la sua usuale sobrietà linguistica, Dante si differenzia dalla letteratura del nostro XXI secolo, che tende a debordare e a insistere. Tuttavia le luci, i colori, i suoni, gli ambienti del *Purgatorio* sono comunque molto vicini alla sensibilità fantasy. Si tratta di atmosfere che risalgono alla raffinata poesia "cortese" (di corte) o alla pittura dei palazzi nobiliari, ma che

---

[3] Quando Dante arriva di fronte al portale del purgatorio, l'angelo di guardia, sorpreso, gli chiede: «Dov'è la scorta?» (*Purg.* 9, 86). Il che fa sospettare l'esistenza di spiriti-guida, che nel caso di Dante sarebbe santa Lucia; ma poi l'idea non viene sviluppata. A sua volta Adriano Lanza, sulla base sulla teologia dei Catari, identifica Beatrice con il "gemello celeste" di Dante.

appunto è insolito trovare abbinate al secondo regno "dell'aldilà".

Questo introduce al tema della religiosità nell'universo fantasy, che si presenta come un fenomeno paganeggiante, con il recupero di tanta spiritualità cosiddetta celtica o perlomeno pre-cristiana. Dante non procede in questa direzione, però il suo cristianesimo è tutt'altro che banale e scontato, e neppure troppo ortodosso. Come del resto non lo era quasi mai tra i massimi intellettuali, filosofi, poeti del Basso Medioevo, pur cristiani convinti.

È il momento di addentrarsi un po' nel tema della fede del Sommo Poeta.

E poi della società del tempo, dato che il genere fantasy è un genere "in costume". Corrisponde al costume dell'epoca?

Jesus Christ Super-Star

«Vergine madre, figlia del tuo Figlio»[1] è praticamente l'unico brano del *Paradiso* di Dante che abbia notorietà a livello popolare, o perlomeno tra persone di media cultura. Sul piano sociologico, questa preghiera è interessante perché esprime la spiritualità del primo Trecento, che si trova sul crinale tra la ricca simbologia mariana-cosmica dei Padri della Chiesa[2] e il devozionismo mammone e mieloso dei secoli più recenti.

Subito dopo la Madonna, Dante era molto devoto a santa Lucia. Si dice che in parte la cosa fosse dovuta a problemi di vista del poeta. In aggiunta, il nome Lucia riecheggia la luce, la

---

[1] *Paradiso* 33, 1.
[2] E dei "nuovi" Padri come san Bernardo di Chiaravalle, a cui Dante fa recitare la preghiera.

grazia di Dio che illumina la mente. Nelle spiegazioni che Virgilio fornisce nel secondo canto dell'*Inferno*, Maria, Lucia e Beatrice costituiscono l'"asse del Bene" che procura la salvezza a Dante, tirandolo fuori dalla selva oscura. Che però la prima delle tre donne celesti coincida con Maria non è detto espressamente nel testo. Jacopo Alighieri infatti interpreta in modo diverso:

> Figurativamente per questa gentil donna la profonda mente della Deità si considera, della [= dalla] quale ogni essere procede.

Oltre ai singoli santi, la spiritualità del poeta si rivolge a luoghi e momenti sacri. I santuari, meta dei pellegrini. Il suono delle campane a sera.

Non sempre però la predicazione che avveniva in chiesa era di suo gusto. Anzi, Dante è feroce contro i predicatori del suo tempo, antenati degli attuali frati e suore sorridenti e gaudenti, che parlano di qualunque idiozia in televisione. La sua polemica fotografa un passaggio storico importante, ancorché deleterio: la nascita dei cosiddetti "Ordini mendicanti", sostanzialmente i francescani e i domenicani, che portano il vangelo "fuori dai conventi" e si mettono ad annunciare la buona novella in ogni luogo e in ogni occasione. Non a caso Dante dimostra di provare maggiore ammirazione per *altri* personaggi, molto più puri e duri, come san Benedetto da Norcia o san Pier Damiani. Ma alla fine del Trecento (per sua fortuna, Dante non poté vederlo) ormai la frittata era fatta: la spiritualità cristiana, sempre a opera dei solerti francescani, divenne un lucroso impasto di sentimentalismo, languori, lagne, Cristi che grondano sangue e quant'altro. Non ne siamo ancora usciti.

A proposito, vale la pena notare che Dante è e rimane in sostanza l'unico grande teologo "laico" (non prete) della storia cattolica. Aveva studiato teologia sì, ma in modo irregolare. Di mestiere per vivere – male – faceva il politico, l'ambasciatore, l'insegnante privato. Aveva moglie e figli. Apparteneva a qualche Terz'ordine religioso, ma all'epoca lo facevano tutti. Suo figlio Jacopo[3] camperà parassitando le donne che si innamoravano di lui, mettendole incinte ma senza sposarle, e prendendo surrettiziamente gli "Ordini minori" che gli consentiranno di godere di rendite ecclesiastiche; morirà non ancora 50enne, forse di peste. Un'altra malattia, forse

---

[3] Lo scapestrato. Suo fratello Pietro invece farà carriera nella magistratura.

la malaria, nel 1321 si era portata via il padre Dante a 56 anni (o meno)[4].

Tornando alla religiosità dell'autore della *Divina Commedia*, la sua condizione di filosofo naturalista, da una parte, e di uomo radicato nella cultura diffusa del suo tempo, dall'altra, gli fanno mantenere un atteggiamento pacato verso il fenomeno dei miracoli. Non li nega, neppure li vede dappertutto, ma ce n'è *uno* che lo affascina: la provvisoria risurrezione dell'imperatore Traiano in virtù delle preghiere di san Gregorio Magno. In questo modo Traiano avrebbe avuto l'occasione di convertirsi *in extremis* al cristianesimo, e quindi di andare in paradiso. Questa leggenda affascina Dante perché tocca uno dei temi teologici che gli stanno più a cuore: la redenzione dei pagani[5], di quelle persone buone e giuste che però vissero prima o al di fuori del cristianesimo, unica «via di salvazione». Ed è interessante che, dovendo fare un esempio di questi uomini pagani buoni e giusti, Dante parli di qualcuno nato "sulle sponde dell'Indo"... Buddha?!

---

[4] La sua scomparsa creò il panico tra amici e intellettuali, perché non si sapeva che fine avessero fatto gli ultimi canti del *Paradiso*. Fu Jacopo a ritrovarli, onore al merito.
[5] Vedi Giovanni Pascoli, *Sotto il velame*.

Chi sicuramente è in grado di fare i miracoli, sempre secondo il Medioevo e Dante, sono i demoni. Per la precisione però non si tratta di miracoli ma di semplici capacità naturali, dovute al fatto che i demoni, in quanto angeli (decaduti, ma angeli) hanno poteri che superano quelli umani. Come gli attuali alieni, mutanti o supereroi dei fumetti e del cinema.

Cosa ne pensa Dante della Sindone? Niente, perché alla sua epoca il sacro lino attualmente conservato a Torino non aveva ancora fatto ufficialmente la sua comparsa. Oppure – ma è una tesi assai controversa – se la Sindone coincideva con un misterioso reperto custodito dai Templari, sparì nel 1307 insieme all'Ordine militare, e non sarebbe ricomparso per vari decenni. Insomma, mentre Dante scrive la *Commedia*, la Sindone "di Torino" non è visibile da nessuna parte[6]. In compenso, nel poema è citata la Ve-

---

[6] Il sacro lino venne trasferito nella capitale piemontese il 14 settembre 1578. In quegli stessi giorni Torquato Tasso, autore di un poema incentrato appunto sul Santo Sepolcro, andò a Torino per la prima volta in vita sua. Perché? Non esistono prove documentarie che il motivo fosse la Sindone, ma certo sarebbe un'incredibile combinazione. La presenza di Tasso tra la folla che nella chiesa di San Lorenzo assisteva all'ostensione della Sindone (portata

ronica, il fazzoletto con su impresso il volto di Cristo, che all'epoca era venerata a Roma, e oggi, dopo varie peripezie, si trova nel paese abruzzese di Manoppello.

Dante, tra l'altro, dimostra di respingere le accuse che vennero mosse ai Templari per poterli sopprimere. Per lui, fu tutta una manovra di Filippo IV il Bello, re di Francia, per impossessarsi dei loro tesori. L'Alighieri probabilmente non lo sapeva ma Filippo IV non trovo granché nei forzieri dei cavalieri del Tempio, e forse non era quello che cercava.

Riguardo al Cristo della *Divina Commedia*, la sua presenza, diretta o indiretta, è costante, ricca di significati e stratificata in senso progressivo, fino alla rivelazione finale in *Paradiso* 33.

Qua e là per il poema balenano riferimenti-flash alla morte in croce di Cristo, ogni volta focalizzando un dettaglio diverso: l'una e l'altra palma delle mani, i piedi trafitti, il costato... Si tratta di una sorta di devozione "frammentata" che è tipica del tardo Medioevo. Ad esempio, nella sua *Summa theologiae* san Tommaso d'Aquino enumera una per una, con metodo siste-

---

lì apposta per "venire incontro" a san Carlo Borromeo) è ricordata da una targa collocata all'interno dell'edificio.

matico, le sofferenze di Gesù al Calvario, quelle dei singoli sensi, quelle del corpo e quelle dell'anima, ecc. E così tanti altri autori dell'epoca.

Già nell'*Inferno* di Dante Gesù viene alluso (mai nominato) varie volte, soprattutto in relazione alla sua "discesa agli inferi" dopo la morte in croce, quando piombò vittoriosamente tra i demoni per sottrarre dalle loro grinfie i giusti dell'Antico Testamento che attendevano la Sua venuta. Anche la misteriosa luce e il misterioso terremoto che stordiscono Dante al termine del canto terzo dell'*Inferno* fanno pensare a una "replica" della risurrezione di Gesù dal sepolcro, evento che ha liberato l'umanità dal peccato; e infatti Dante, grazie a quella luce, potrà attraversare l'Acheronte, fiume del peccato. Per non parlare delle mostruosità di *Inferno* 25, che deformano l'Incarnazione. Lo stesso farà Lucifero, con la sua testa a tre facce, parodia della Trinità, le sue sei ali da Serafino e il suo corpo umano, sì, ma peloso come quello di una scimmia.

Il Serafino crocifisso, simbolo di Cristo, era apparso a san Francesco a La Verna. Dante dedica un intero canto del *Paradiso* alla vita del Poverello, inclusa l'esperienza mistica delle stigmate ma stranamente non riprende la leggenda medievale del "trono di Satana". Secondo questa leggenda, lo splendido trono lasciato vuoto in paradiso dal diavolo dopo la sua caduta venne assegnato a Francesco d'Assisi[7] per premiarlo della sua santità, paragonabile solo a quella di Cristo. Ma l'unico trono "speciale" che Dante vedrà in paradiso è quello di re Enrico VII, che onestamente pare sopravvalutato. L'ipotesi è che Dante, con un guizzo geniale, abbia sfruttato in maniera diversa, con creatività e, perché no?, un pizzico di humour, la contrapposizione Satana/Francesco. Cioè trasformando il proprio spaventoso incontro con Lucifero (*Inferno* 34) in una versione ribaltata della visione mistica del Poverello a La Verna. Anziché Francesco, Dante; anziché il santo in gloria, il pellegrino che cammina verso Dio; anziché la luce di Cristo, le tenebre di Lucifero (che però in teoria dovrebbe "portare la luce", come dice il nome).

In *Purgatorio*, si è accennato che Cristo si presenta sotto forma di grifone. È visibile, è tangibile, ma è ancora un simbolo. Forse però la sua presenza ha un ruolo molto più determinante. Quando Dante, Virgilio e Stazio[8] stanno per at-

---

[7] La scena è raffigurata ad Assisi negli affreschi della basilica inferiore dedicata al Santo.

[8] Compagno di viaggio di Dante e Virgilio in purgatorio, da un certo punto in poi. Si tratta di un poeta latino, pagano, che però si salva grazie alle "profezie" di Virgilio.

traversare l'ultima parete di fiamme prima di raggiungere l'Eden, sentono una voce, al di là del fuoco, che li invita: «*Venite, benedicti Patris mei*»⁹ (Venite, benedetti del Padre mio!). La critica tende ad attribuire la voce a un angelo o a Beatrice, ma a me pare evidente che si tratti di Gesù in persona, dato che quelle parole appartengono rigorosamente a lui: *Vangelo secondo Matteo* 25, 34.

In *Paradiso* è un continuo crescendo. Nel cielo di Marte, Cristo si mostra a Dante sotto forma di croce luminosa. Nel cielo delle stelle fisse, il poeta può contemplare da lontano la «lucente sostanza» del Figlio di Dio. Nell'empireo, si immergerà nel mistero stesso di Cristo e della Trinità.

Tra Marte e le stelle fisse si situa il cielo di Giove, in cui Dante parla con una grande aquila luminosa che è un "soggetto collettivo" formato da una miriade di anime con "mente ad alveare" (unificata). Quest'aquila viene perlopiù considerata come simbolo dell'Impero, ma la sua collocazione tra due manifestazioni di Cristo

---

Vedi ancora Pascoli, *Sotto il velame*. Del resto, la voce li benedice tutti e tre, e la benedizione di Dio è la salvezza, anche se Virgilio è "nominalmente" recluso all'inferno.
⁹ *Purgatorio* 27, 58.

mi fa avanzare l'ipotesi che *anch'essa* sia una manifestazione di Cristo. Anche perché rappresenta la Giustizia, ma non soltanto quella politica dell'Impero, bensì quella universale divina[10]. Tant'è vero che Dante qui espone i suoi dubbi sulla salvezza dei non-cristiani e scopre con gioia che proprio due pagani redenti sono tra gli spiriti che costituiscono un occhio dell'aquila. Il Salvatore cosmico è Cristo, non l'Impero romano, pur con tutti i suoi meriti (secondo Dante, che censura parecchio le fonti)[11].

[10] Cfr. *Vangelo secondo Matteo* 3, 15.
[11] Le violenze, le ingiustizie, la "globalizzazione selvaggia" a opera dell'Impero erano state denunciate da vari autori latini e, in ambito cristiano, da sant'Agostino nella *Città di Dio*; ma Dante non dà peso a queste opere.

Giochi di società

Ai tempi di Dante in Italia la mafia non esisteva, perché l'*intera* società era mafiosa. Oggi è lo Stato contro la mafia; allora c'era la mafia senza lo Stato. Le divisioni tra guelfi e ghibellini, o tra guelfi bianchi e guelfi neri, non avevano più sostanzialmente alcun valore ideologico, indicavano solo la "affiliazione" a un clan oppure all'altro. Nel centro storico di Firenze, Capitale culturale e finanziaria del mondo, ci si ammazzava in strada per vendette e giochi di potere come accade oggi nei quartieri più malfamati di alcune città del Meridione.

Questo porta alla questione di perché Dante abbia sposato Gemma e non Beatrice[1], di cui

---

[1] Trovo sorprendente che non sia mai stata presa sul serio un'osservazione del noto critico letterario torinese Giorgio Bàrberi Squarotti. Cioè, se "Beatrice" era un nome d'arte, un *senhal* trobadorico, uno "schermo", com'è possibile che

era innamorato. Va bene, all'epoca i matrimoni erano combinati dalle famiglie, e Dante era "promesso sposo" fin dall'età di 12 anni. Ma perché suo padre (che peraltro aveva fama di usuraio) scelse per lui quella fanciulla? Che dote aveva? Aveva un fisico da schianto? La cosa più sexy di Gemma era il cognome: Donati.

I Donati erano i "capi clan" dei Neri, tipetti decisi che era meglio tenersi buoni. Gli Alighieri appartenevano al clan dei Bianchi, capitanati dalla famiglia Cerchi; quindi il matrimonio Dante-Gemma aveva probabilmente lo scopo di "fare da cuscinetto" per creare un ambiente più sereno alla vita e agli affari.

La cosa pareva funzionare. Dante ad esempio diventò compagno di bisbocce di Forese Donati, suo parente alla lontana. E Forese era fratello nientemeno che di Corso Donati, il capo dei Neri, l'uomo più pericoloso di Firenze.

Eppure, Dante doveva essere *così* compromesso (perché? dopo sette secoli, ci chiediamo: *perché?* cosa c'era sotto?)[2] che queste buone en-

---

si trattasse di *Beatrice* Portinari? Infatti Jacopo Alighieri commenta che, in tutta la *Divina Commedia*, con il nome di Beatrice «la divina Scrittura s'intende, sì come perfetta e beata».

[2] Una soluzione viene forse dal quarto trattato del

trature non gli servirono a niente. La politica è il campo in cui, detto senza peli sulla lingua, Dante dà i più pesanti segni di ottusità. Fa la retorica e inutile rampogna «Ahi serva Italia», e fa fatica a cogliere la portata degli eventi. Per lui, il fenomeno politico più devastante del momento è il nascente nazionalismo francese, fomentato da re Filippo IV. E invece quella è stata la fortuna della Francia, che dopo settecento anni deve molto a questo senso di identità nazionale nato proprio allora. Magari l'Unità d'Italia fosse arrivata nel Trecento e non nell'Ottocento! Se, per dirne una, Parigi oggi investe in cultura infinitamente più di Roma, "bona parte" del merito è di Filippo IV.

Parlando di cultura, passeggiando per Firenze ci si chiede che cosa trovasse di tanto bello Dante

---

Convivio, dove Dante commentava la canzone *Le dolci rime d'amor ch'io solìa*. Lì veniva denunciata non la corruzione del Sistema, ma il Sistema in quanto tale. Notevole il fatto che questo radicale attacco politico non venga ripreso nella *Divina Commedia*, opera prestigiosa – e accettabile – che doveva costituire per Dante il *pass* per rientrare a Firenze (*Paradiso* 25, 1-6).

Tutto questo suggerisce un capovolgimento di prospettiva: il poeta accusa Corso Donati di essersi messo in combutta con Bonifacio VIII per farlo esiliare. E se invece gli avessero fatto un favore? Se Corso avesse interceduto presso il Papa per esiliare Dante *anziché* eliminarlo, dato che all'epoca nelle faide politiche non si andava troppo per il sottile?

nella sua città alla fine del XIII secolo. Non c'era praticamente nulla di ciò che i turisti visitano oggi. Non solo mancavano, ovviamente, tutte le opere medicee, ma perfino il duomo e Santa Maria Novella erano ancora in costruzione. Ponte Vecchio c'era, ma era diverso. Restano solo il Battistero e San Miniato.

Se si va a piedi dal centro verso San Miniato, attraversando Ponte Vecchio, dopo pochi metri ci si imbatte in una deliziosa cinta di mura. Cosa sono? Sono le mura trecentesche. Già, quelle che Cacciaguida (*Paradiso* 16) accusa di avere portato Firenze alla rovina, trasformandola in una megalopoli tentacolare... Il vecchio confine arrivava al fiume e il territorio si allargò di una spanna... tutto lì.

Se non c'erano tante opere d'arte, niente Michelangelo e Brunelleschi, niente Cellini e Giambologna, niente Uffizi, c'erano però manifestazioni pubbliche, feste, gare. Dante ne enumera tantissime nel corso del poema, sempre con vivacità, segno che ci andava e gli piacevano. C'erano gli sport nobili, come tornei, giostre, gare con l'arco e la balestra, il gioco degli scacchi e, soprattutto, la caccia con il falcone, che è sicuramente l'attività ludica citata più spesso da Dante in assoluto. Da sdegnoso aristocratico, il poeta deride invece l'hobby della caccia agli uccelletti con le reti, roba da poveracci (*Purgatorio* 23, 3). E poi i giochi di taglio più popolare, come i Palli o i dadi; questi ultimi di per sé illegali, ma si sa. A Firenze è rimasto famoso anche il "calcio medievale", che però Dante non cita. Oltre alle feste religiose e alle sacre rappresentazioni, che gli hanno fornito idee per alcune scene del poema, p.es. la processione simbolica nel paradiso terrestre o i contenziosi tra angelo e demonio presso il capezzale di un defunto.

Del "costume" fa anche parte la moda. Dante era scandalizzato dalle scollature delle fiorentine, nonché dal lusso del loro abbigliamento. Tuttavia, l'immagine della donna che emerge dalla *Divina Commedia* è ben più complessa di questo moralismo dozzinale. Oltre alle

(1) schifose sgualdrine, ci sono infatti

(2) le donne angelicate o, perlomeno, stilizzate. Anzitutto la piuttosto antipatica Beatrice. Quindi Pia dei Tolomei, che la cultura decadentista di inizio Novecento trasformerà in un personaggio languido e gotico, ma i sette, solo sette versi di Dante (*Purgatorio* 5, 130-136) sono un capolavoro di grazia, silenzio, equilibrio.

(3) Poi le donne "vere", concrete, quotidiane, feriali, in particolare le mogli affezionate, le madri che nutrono o rimproverano i bambini.

Con un guizzo beffardo, Miguel de Cervantes, mediante il personaggio di Dulcinea del Toboso, farà in modo che la donna di tipo 2 venga ingloriosamente riassorbita nella tipologia 3. Esiste un ritratto di Beatrice eseguito da Salvador Dalí, grande illustratore della *Commedia* e del *Don Quijote*, che sembra appunto mostrare l'icona dantesca mentre si trasforma in una rozza contadinella.

(4) Le donne leader, come le due Costanza, rispettivamente madre e nipote di Federico II di Svevia. E forse Matilde di Canossa, ammesso che sia lei la Matelda del *Purgatorio*, ma non pare. In ogni caso, la figura della donna come autorità politica e promotrice culturale ha molta meno rilevanza nella *Divina Commedia* che nell'*Orlando furioso*.

(5) Infine, addirittura la donna emancipata: Cunizza da Romano, che in vita ne ha combinate di tutti i colori, tuttavia è arrivata lo stesso in paradiso (canto 9), e lì se ne ride dei pettegolezzi degli stupidi mortali nei suoi confronti. Questo episodio dà occasione di chiarire, una volta per tutte, che la cosiddetta "civiltà cristiana" del Medioevo era una società sostanzialmente identica alla nostra, magari non nelle campagne ma senz'altro nelle città rampanti. Vedi p.es. la storia di santa Margherita da Cortona, che convisse

per anni con il suo uomo e nessuno le diceva niente, anzi lei era molto orgogliosa della propria posizione sociale. Il Basso Medioevo urbano non era affatto perbenista.

Parlare di vita cittadina significa inoltre parlare di andirivieni. Ai pellegrini, oltre che ai malati, erano dedicati gli ospedali ossia gli "hospitali" in senso letterale, luoghi di ospitalità. Posti dove trovare un pasto caldo e un po' di calore umano, per chi viaggiava e per chi era rimasto senza nessuno. I farmaci si riducevano a qualche pozione vegetale, tisane, camomille, ecc.

Ciò non toglie che le malattie infettive esistessero e avessero effetti devastanti di massa. La grande peste arriverà più avanti, a metà del Trecento, ma anche prima di allora i luoghi di raccolta degli appestati – o dei feriti in battaglia – dovevano avere qualcosa di "infernale", e infatti Dante ne offre una descrizione raccapricciante nella bolgia dei falsari. In seguito John Milton avrebbe riutilizzato questa scena per descrivere la condizione umana decaduta dopo il peccato originale.

In un certo senso, Milton universalizza Dante: quello che nella *Commedia* era un singolo episodio, nel *Paradiso perduto* diventa un simbolo generale. Più in profondità, però, già Dante fa un discorso universale: ogni singolo momento dell'inferno purgatorio paradiso rappresenta l'Umanità nel suo insieme, vista da una specifica angolatura. Struttura a frattale, ologramma. «Tra il *samsara* e il *nirvana* non c'è la minima differenza» (Nagarjuna). Al centro dell'universo c'è Satana (*Inferno* 34) oppure Dio (*Paradiso* 28)? Dipende da dove lo si guarda.

Ma poi... perché Dante scrisse un poema fantasy?

A questo punto ci si può chiedere come mai Dante abbia inserito elementi così popolari, così folk, in un poema che ambiva a ricevere il titolo di divino (e lo ricevette, per gentile concessione di Giovanni Boccaccio).

Anzitutto, il titolo dato dall'autore era semplicemente *Commedia*, e in una commedia medievale qualche drago, strega e mostri assortiti ci stavano più che bene. In secondo luogo, affermare che "certe pinzillacchere non ci dovrebbero stare, in un'opera di letteratura che si rispetti" è un atteggiamento ideologico che ha cominciato a circolare nel Settecento, ma era lontanissimo dalla mentalità medievale, e ancora rinascimentale e barocca. Tant'è vero che nel suo *Adone* il poeta seicentesco Giambattista Marino, che mirava addirittura a surclassare Dante, ha infilato di tutto, pornografia inclusa. Beccandosi la condanna della Santa Inquisizione.

Paradossalmente, la maledizione della "serietà a tutti i costi" ha cominciato a pesare su Dante a causa dei suoi più grandi sponsor in Italia, a cominciare da Francesco De Sanctis e Giosue Carducci. Quando, nei primissimi anni del Novecento, Giovanni Pascoli scrisse una serie di saggi sulla *Divina Commedia* (*La Minerva oscura*, *Sotto il velame*, *La mirabile visione*), basandosi in modo creativo sulle fonti medievali e aspettandosi gloria perenne, ricevette solo pernacchie perfino da parte del suo amico Carducci[1]. E rinunciò a scrivere un ulteriore libro sull'argomento, anche se sognava di farlo.

Dopodiché, come accennato all'inizio del libro, Dante ha cominciato a essere surrettiziamente presentato come padre della lingua italiana e padre della nazione italiana. E ogni sua frase si è ammantata di un tono altisonante, retorico fino alla nausea, anche là dove il poeta gioca di arguzia. Per esempio quando il conte Ugolino, per educazione, prima di parlare con Dante si pulisce la bocca... con i capelli della

---

[1] Vedi il romanzo di docu-fiction *Il Divino Sequel*, Il Terebinto, Avellino, 2017.

vittima. O quando, in *Purgatorio*, il solenne termine latino *successor Petri* (il Papa) fa rima con "diretri", leggi: culi, perché quello è.

Ad apprezzare in pieno gli aspetti ludici della *Divina Commedia* furono invece i poeti del Cinque e Seicento, i quali ripresero e svilupparono gli spunti forniti dall'Alighieri in veri e propri remake fantasy o di altro genere. Ludovico Ariosto imbottisce l'*Orlando furioso* di citazioni dalla *Commedia* dantesca, usandole spesso e volentieri fuori contesto, così da creare effetti spiazzanti, tra la risata colta e l'*agudeza* (acuta sottigliezza) che aggiunge livelli di significato. Ad esempio, la scena horror di *Inferno* 25 in cui un serpente a sei zampe si avvolge come edera attorno a un'anima dannata si trasforma, nel *Furioso*, nell'avviticchiamento erotico della maga Alcina con il cavaliere Rinaldo. Omaggio doppiamente irriverente perché, come si scoprirà, Alcina non è affatto una splendida ragazza ma un'orripilante mummia che incanta gli occhi con la sua magia. Ma con un sottotesto importante, una specie di campanello di allarme per Rinaldo: bada che quella apparente sciantosa è un demonio! Aggiungendo l'ingrediente della stregoneria, l'episodio di *Inferno* 25, che già era fantasy di suo, raddoppia.

Questo e di peggio farà il citato Marino. Ma perfino il più posato Torquato Tasso (posato? Uno che fu internato per anni in un manicomio criminale?) non disdegna di riutilizzare Dante in modo fantasioso come i suoi colleghi. Lo fa non solo nella *Gerusalemme liberata* ma anche nel poema *Il mondo creato*, versione in versi delle prediche sulla creazione di san Basilio, che Tasso poteva leggere tradotte in latino. Bene, traducendo a sua volta dal latino l'opera del Padre della Chiesa greco, il poeta campano-ferrarese riesce a infilare citazioni dantesche, magari nei luoghi più impensati. Per dirne una, il "fiero pasto" del conte Ugolino diventa una descrizione delle abitudini alimentari degli animali carnivori. Dante usava il lupo come metafora del conte Ugolino; Tasso prende il conte Ugolino come metafora del lupo.

E, infine, il Tempo è – qualche volta, se si alza con il piede giusto – gentiluomo. Proprio quegli aspetti fantasy della *Divina Commedia* nei cui confronti si è dimostrata cieca la critica letteraria ufficiale italiana, dal Risorgimento in poi, proprio quelli sono oggi i più in voga. A margine della dottrina scolastica, dai videogiochi ai disegni realizzati da migliaia di professionisti e dilettanti e postati su Internet, è tutto un trionfo di creature magiche, mostruose, bizzarre tratte dal poema, in particolare l'*Inferno*. Creature spesso assai lontane da come le ha effettivamente descritte Dante, ma anche qui esiste una tradizione ben consolidata: le onnipresenti illustrazioni di Gustave Doré infatti non sono per nulla una fedele trasposizione del testo della *Commedia*, anzi l'artista inventa e ci mette del suo a manbassa. Questa rinascita in forme alterate, aggiornate, costituisce l'autentico iter culturale di ogni autentica saga fantasy. È successo anche con la versione televisiva di *Game of Thrones*, e del resto era già così per la mitologia classica: basta confrontare Omero con Ovidio. Ed è un meccanismo che oggi continua a operare nelle nuove saghe fantasy/mitologiche, come il ciclo di Cthulhu o la storia delle origini di Spider-Man, raccontata e ri-raccontata in mille varianti.

Speriamo di aver dato fastidio a qualcuno, abbinando Dante all'Uomo Ragno.

Il tormento e l'estasi

Oggi si dice tutto il male della tv e dei videogame, ma nel Medioevo, e anche prima e dopo, i passatempi erano peggiori. Ad esempio, andare ad assistere all'esecuzione di un eretico messo al rogo o un criminale impiccato. C'è una stampa estremamente istruttiva di Pieter Bruegel il Vecchio, capolavoro di *humour noir*, in cui la gente viene torturata e uccisa in mezzo alla curiosità e all'indifferenza generale. Anche Dante andava ad assistere a questi spettacoli, se parla di «umani corpi già veduti accesi» (*Purgatorio* 27, 18).

Un corpo umano che Dante rischiava di vedere acceso da vicino era *il suo*. Se, dopo il 1302, avesse fatto tanto di mettere piede in Firenze, avrebbe ricevuto un benvenuto molto "caloroso"[1]. Un simpatico regalo della municipalità in

---

[1] Nel frattempo, gli Adimari e Filippo Argenti (rileggere

mano ai Guelfi neri, con il beneplacito del Papa[2]. Questo solleva ancora una volta la questione dei rapporti dell'Alighieri con Santa Romana Chiesa. In settecento anni, gli interpreti hanno "dimostrato" l'appartenenza del poeta a qualunque gruppo intellettuale e religioso immaginabile, dal ghibellinismo all'induismo. Un fenomeno interessante, paragonabile – in piccolo – a quello notato da Raimon Panikkar riguardo a Gesù: inspiegabilmente, tutti vogliono Cristo dalla propria parte: marxisti, fascisti, ecologisti, atei, *conquistadores*, *indios*... e tutti trovano argomenti a sostegno della propria tesi.

In effetti, basta raccogliere qualche dato al volo dalla *Divina Commedia* per accorgersi che la questione è intricata. Dante celebra Federico II nel *Convivio* e nel *De Monarchia*, poi però nell'*Inferno* lo condanna tra gli eretici e, in compenso, salva suo figlio Manfredi che era accusato delle stesse orribili colpe del padre. Il rispetto che Dante aveva per Federico trapela anche dalle

---

Inferno 8 in quest'ottica) avevano messo le mani sui beni confiscati al poeta. E Gemma, che fine avrà fatto?

[2] A meno che non si debba operare un capovolgimento di prospettiva, come segnalato nella precedente nota su Corso Donati.

parole di Jacopo, che, ogni volta che lo nomina, pur all'inferno, specifica "l'imperatore Federico II".

Dante loda le crociate, chiede a gran voce una nuova crociata in Terrasanta ed esalta Goffredo di Buglione. Per contro, pone il Saladino e i filosofi musulmani nel "nobile castello" insieme ai padri della cultura occidentale: Omero, Socrate, Platone, Aristotele, Giulio Cesare, Ovidio, ecc.

Dante attacca la Chiesa di Roma con una ferocia che riecheggia i movimenti più estremisti del Medioevo. Ma poi magnifica san Domenico che "percuote" gli eretici.

Dante patrocina i valori della secolarità e della laicità difendendo – a rischio della vita! – l'idea che il potere politico è indipendente da quello della Chiesa[3]. Poi però guarda dall'alto

---

[3] Peraltro, Dante basa la propria affermazione sull'indipendenza tra i due poteri nell'antica Roma, i famosi «due soli» (*Purgatorio* 16, 107). Teoria totalmente sballata: basta sfogliare un po' di letteratura latina (tra cui l'*Eneide*, che Dante conosceva «tutta quanta», *Inferno* 20, 114; per non parlare dei *Fasti* di Ovidio) per rendersi conto che potere politico e religioso erano sovrapponibili, come in ogni società antica. Certo, al tempo dei Romani era l'autorità "laica" – imperatori, capifamiglia contadini, donne anziane, ecc... – a esercitare funzioni sacerdotali, non l'inverso.

con scherno questo mondo e dichiara beato chi pensa alle «cose di lassù, non a quelle della terra»[4].

Dante descrive spesso questo mondo in mano al demonio, anzi un mondo il cui Dio è Satana, con accenti che richiamano le dottrine gnostiche. Altrove invece (vedi dialoghi con Marco Lombardo, con Carlo Martello di Valois, e con Beatrice in *Paradiso* 27, 121-148) assume un atteggiamento quasi pelagiano, in cui la natura umana è buona, sana in radice, e basterebbe una buona pedagogia a cambiare il mondo.

Dante pensa che il mondo stia per finire. Dante pensa che una nuova radiosa Era stia per cominciare.

> Ah quanto a dir qual era è cosa dura,
> Esta selva selvaggia e aspra e forte
> Che nel pensier rinova la paura!
> Tant'è amara che poco è più morte;
> <u>Ma per trattar del ben ch'io vi trovai,</u>
> Dirò dell'<u>altre</u> cose ch'i' v'ho scorte[5].

Dante si crede un povero cristo. Dante si crede Cristo.

---

[4] Cfr. Paolo di Tarso (attrib.), *Lettera ai Colossesi* 3,2.
[5] *Inferno* 1, 4-9.

Chi se lo immaginava

Il limbo, paradiso di eroi e filosofi

(Inferno, 4)

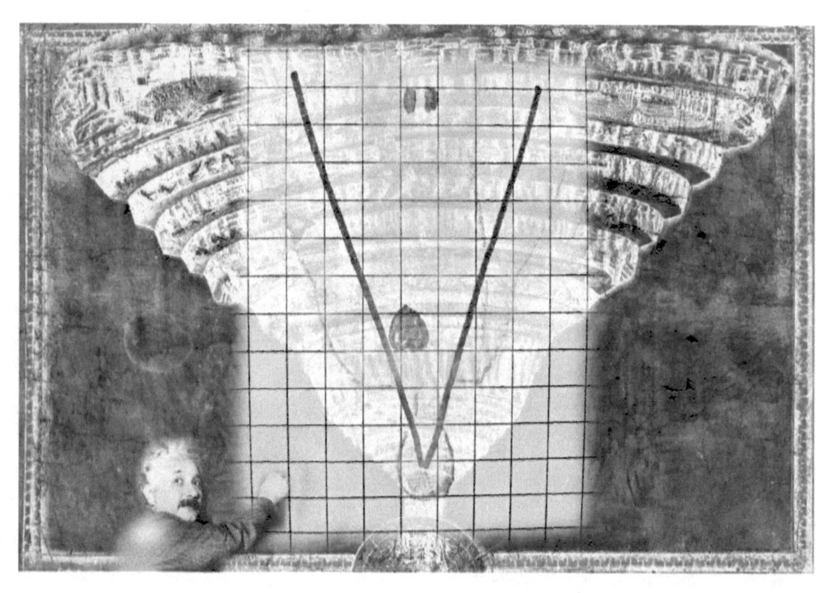

La geniale struttura dell'inferno
(Inferno, 11)

Mantova ebbe maghi (Virgilio!) e streghe

(Inferno, 20)

Giganti sì, ma di cartapesta

(Inferno, 31)

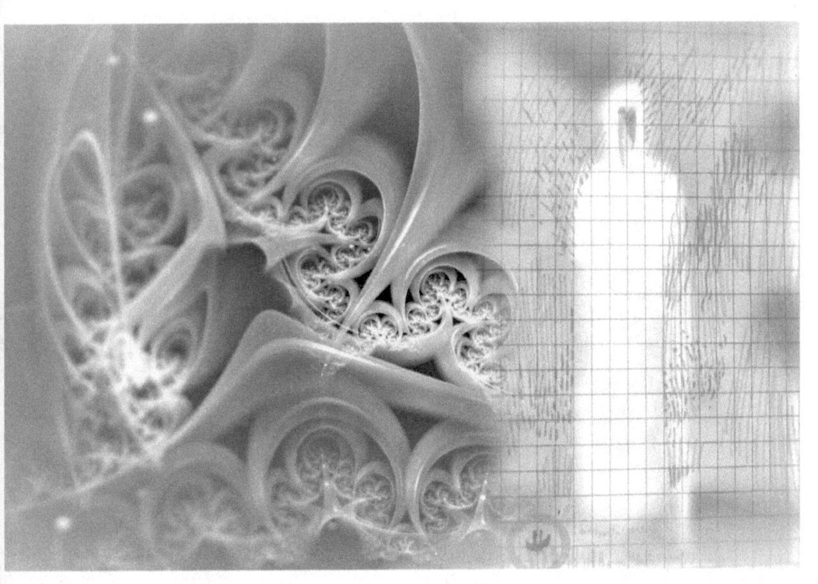

Gli antipodi, da Dante a Gordon Pym
(Purgatorio, 1)

La buona sorte di Buonconte

(Purgatorio, 5)

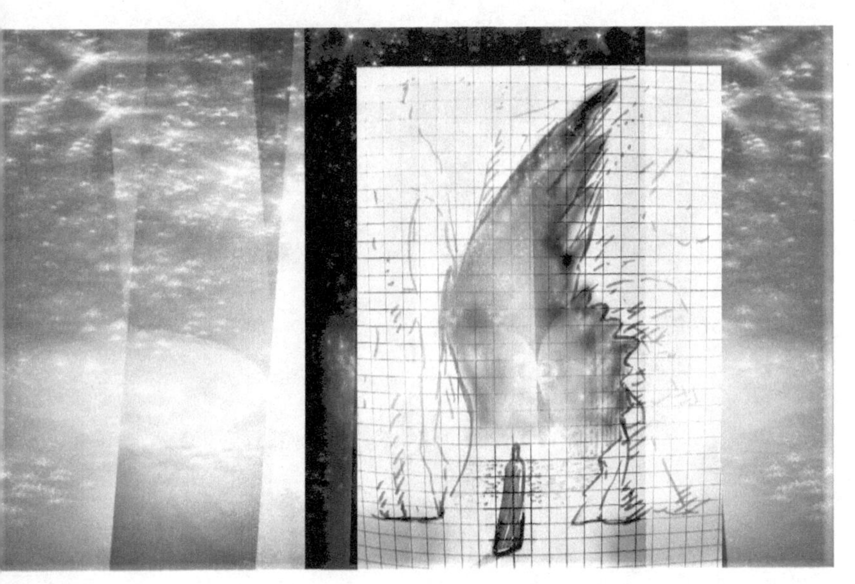

L'ingresso dell'Eden ora è aperto

(Purgatorio, 9)

Morale della favola? Tutta invidia

(Purgatorio, 13)

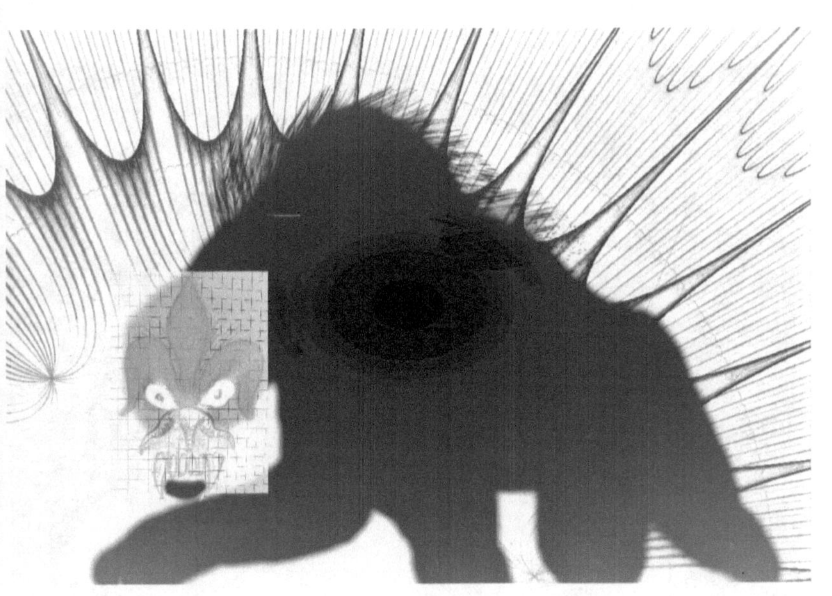

Nei peggiori quartieri di Firenze

(Purgatorio, 14)

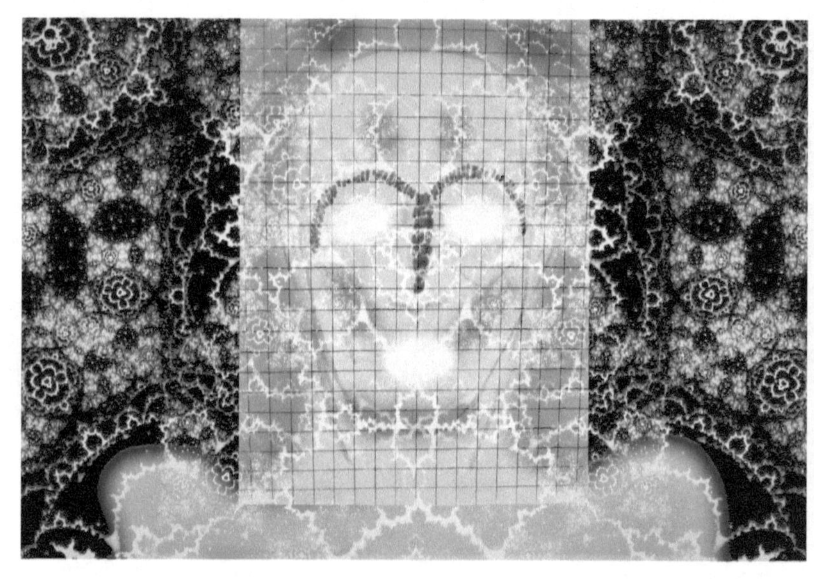

Amici finché morte non vi riunisca

(Purgatorio, 23)

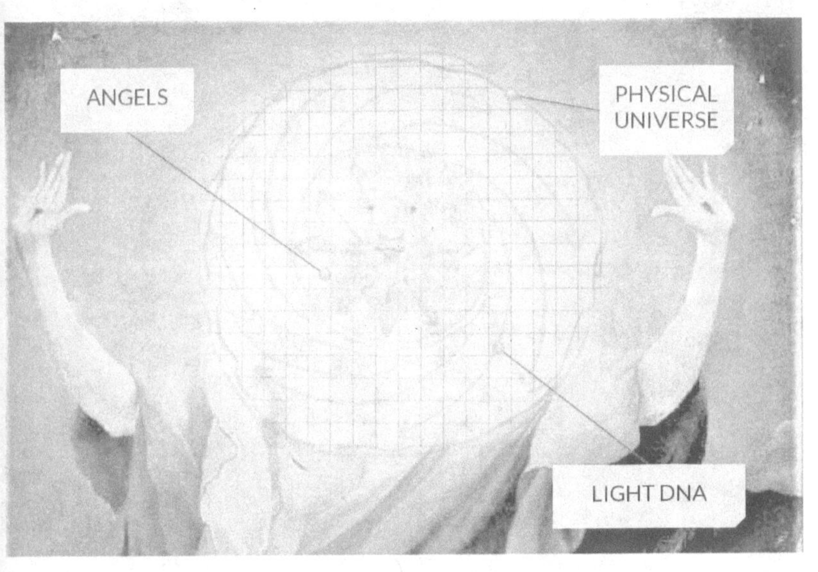

L'universo come immenso organismo

(Paradiso, 1)

Riusciranno i nostri eroi?

(Paradiso, 15)

Qui passeggiò anche Satana (Paradise Lost)
(Paradiso, 21)

Vedi Lettera di san Paolo ai Romani 14,9

(Paradiso, 23)

Dario Rivarossa, *Il Divino Sequel*, il Terebinto Edizioni, 2017, pp. 195, € 15,00

Sono gli ultimi giorni di scuola al collegio di Urbino (anno 1867) e Zvanì, come i suoi compagni, attende solo l'inizio delle vacanze estive. Invece, avventuratosi col suo amico William nella soffitta del collegio – tra statue mutile e vecchi arredi natalizi –, si imbatterà proprio in quei giorni in una sorprendente scoperta. Un antico manoscritto che si presta alle ipotesi più fantasiose dei due ragazzi.

I due amici si rivedranno solo molti anni dopo, da adulti. William decide di indagare ancora su quel documento che sembra rivelare un messaggio nascosto all'interno della *Divina Commedia*. Per questo, sulle tracce di Dante e di Virgilio, chiede l'aiuto del suo vecchio compagno di collegio, Zvanì, meglio noto come Giovanni Pascoli…

Dario Rivarossa (a cura di), *L'altro fantasy. Senza spade nè draghi*, Il Terebinto Edizioni, Avellino, 2019, pp. 102, € 12,00

Scaturita dal concorso "Riscontri letterari", la raccolta L'altro fantasy – nonostante l'attuale dilagare del genere fantasy in letteratura, illustrazione, cinema, televisione, videogiochi – è molto lontana ai luoghi comuni fatti di fate, maghi, elfi, orchi, draghi e quant'altro. Infatti, il tono generale dei racconti presenti nell'antologia rimane quasi sempre quello tra l'onirico e il surreale

Consciamente o inconsciamente sembra aver influito colui che in Italia è stato il maestro del soprannaturale, Dino Buzzati. La piccola, strana magia nascosta dietro l'angolo di casa, spesso con un velo malinconico, anche se non mancano elementi umoristici e di satira sociale. In contrapposizione a un'estetica fantasy (e fantascientifica) sempre più imbottita di effetti speciali perfetti e roboanti, qui domina il silenzio. Un silenzio tra il poetico e l'inquietante, tutto da leggere tra le righe.

TessA B. Dick, *Blade Runner 1971: il Prequel*, il Terebinto Edizioni, 2018, traduzione di Dario Rivarossa, pp. 107, € 12,00

Prego, accomodatevi e prendete un bicchiere di vino o un caffè mentre fate salotto con Philip Dick, l'autore di B*lade Runner*, *La svastica sul sole*, *Total Recall* e tanti altri romanzi e racconti. Ascoltatelo discutere della sua monumentale *Esegesi*, e simpatizzate con lui mentre vi racconta dell'invasione di casa sua il 17 novembre 1971.
Scoprite le sue visioni mistiche, i suoi approfondimenti su temi religiosi e filosofici. Questo libro ricostruisce alcune delle più affascinanti conversazioni avvenute tra amici, come le ricorda sua moglie Tessa.

Lorenzo Mori, *L'assedio di Vienna. Gli ottomani alle porte d'Europa e l'intervento polacco*, il Terebinto Edizioni, 2019, pp. 113, € 12,00

Quello delle armate ottomane fu un pericolo che continuò a minacciare l'Europa fino alla campagna militare del 1683, che culminò con il poderoso assedio di Vienna. Migliaia di tende, occupate da più di 100 mila soldati turchi, avevano circondato la capitale austriaca. Per quasi due mesi le sorti della città erano rimaste nelle mani di pochi difensori austriaci, mentre assalti, mine e cannoneggiamenti stavano per far breccia attraverso le mura.

Il saggio analizza la situazione politica dei paesi coinvolti nello scontro, nonché nel dettaglio le loro strutture e tattiche militari, concentrandosi sulla potenza della Polonia. Infine vengono descritti l'assedio e la battaglia campale davanti alle mura di Vienna. Fonti storiche polacche, tedesche e ottomane arricchiscono la trattazione insieme ad alcune carte dell'epoca.

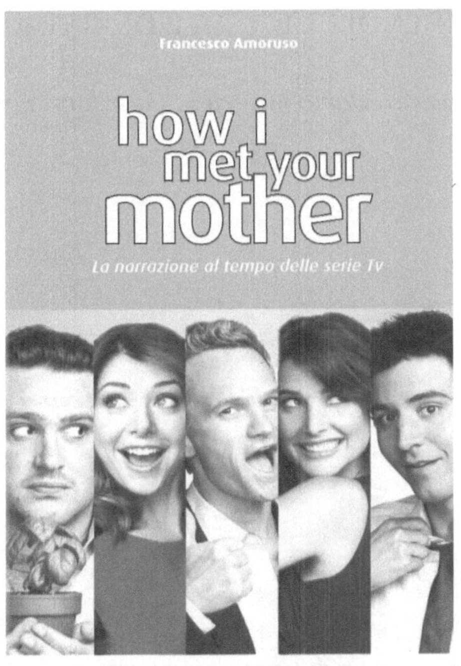

FRANCESCO AMORUSO, *HOW I MET YOUR MOTHER. La narrazione al tempo delle serie tv*, il Terebinto Edizioni, 2019, pp. 172, € 12,00

How I Met Your Mother è senza dubbio una delle sitcom più amate di sempre. In questo volume, analizzando i motivi del successo della serie tv creata da Craig Thomas e Carter Bays, l'autore ripercorre la storia del protagonista, Ted, e dei suoi amici, mettendo in luce aspetti poco noti della trasmissione e nuove letture della trama.
Quella di Francesco Amoruso non è solo un'analisi delle tecniche narrative utilizzate dagli autori di *How I Met Your Mother* al fine di tenere incollato il pubblico per ben nove stagioni, ma anche un'indagine comparativa attraverso gli archetipi fondamentali del racconto e il suo processo di mediamorfizzazione. A dimostrazione che il Narratore benjaminiano ha semplicemente cambiato forma, non anima.